天生的報人

1,011,068 The World. 1,011,068

DEWEY SMASHES SPAIN'S FLEET

Great Naval Battle Between Asiatic Squadron and Spanish Warships Off Manila.

普立茲

廖薇華 著

三民書局

獻給孩子們的禮物

世界上最幸福的孩子，是他們一出生就有機會接近故事書，想想看，那些書中的人物，不論古今中外都來到了眼前，與他們相識，不僅分享了各個人物生活中的點滴，孩子們的想像力也隨著書中的故事情節飛翔。

不論世界如何演變，科技如何發達，孩子一世幸福的起源，仍然來自於父母的影響，如果每一個孩子都能從小在父母親的懷抱中，傾聽故事，共享閱讀之樂，長大後養成了閱讀習慣，這將是一生中享用不盡的財富。

三民書局的劉振強董事長，想必也是一位深信讀書是人生最大財富的人，在讀書人口往下滑落的多元化時代，他仍然堅信讀書的重要，近年來，更不計成本，連續出版了特別為孩子們策劃的兒童文學叢書，從「文學家」、「藝術家」、「音樂家」、「影響世界的人」系列到「童話小天地」、「第一次」系列，至今已出版了近百本，這僅是由筆者主編出版的部分叢書而已，若包括其他兒童詩集及套書，三民書局已出版不下千百種的兒童讀物。

劉董事長也時常感念著，在他困苦貧窮的青少年時期，是書使他堅強向上，在社會普遍困苦，而生活簡陋的年代，也是書成了他最好的良伴，他希望在他的有生之年，分享這份資產，讓下一代可以充分使用，讓親子共讀的親情，源遠流長。

「世紀人物 100」系列早就在他的關切中構思著，希望能出版孩子們喜歡而且一生難忘的好書。近年來筆者放下一切寫作，接下這份主編重任，並結合海內外有心兒童文學的作者共同為下一代效力，正是感動於劉董事長致力文化大業的真誠之心，更欣喜許多志同道合的朋友，能與我一起為孩子們寫書。

「世紀人物 100」系列規劃出版一百位人物故事，中外各占五十人，包括了在歷史上有關文學、藝術、人文、政治與科學等各行各業有貢獻的人物故事，邀請國內外兒童文學領域專業的學者、作家同心協力編寫，費時多年，分梯次出版。在越來越多元化的世界中，每個人都有各自的才華與潛力，每個朝代也都有其可歌可泣的故事，但是在故事背後所具有的一個共同點，就是每個傳主在困苦中不屈不撓，令人難忘的經歷，這些經歷經由各作者用心博覽有關資料，再三推敲求證，再以文學之筆，寫出了有趣而感人的故事。

西諺有云：「世界因有各式各樣不同的人群，才更加多采多姿。」這套書就是以「人」的故事為主旨，不刻意美化傳主，以每一位傳主的生活經歷為主軸，深入描寫他們成長的環境、家庭教育與童年生活，深入探索是什麼因素造成了他們與眾不同？是什麼力量驅動了他們鍥而不捨的毅力？以日常生活中的小故事，來描繪出這些人物，為什麼能使夢想成真。為了引起小讀者的興趣，特別著重在各傳主的童年生活描述，希望能引起共鳴。尤其在閱讀這些作品時，能於心領神會中得到靈感。

和一般從外文翻譯出來的偉人傳記所不同的是，此套書的特色是，由熟悉兒童文學又關心教育的作者用心收集資料，用有趣的故事，融入知識，並以文學之筆，深入淺出寫出適合小朋友與大朋友閱讀的人物傳記。在探討每位人物的內在心理因素之餘，也希望讀者從閱讀中，能激勵出個人內在的潛力和夢想。我相信每個孩子在年少時都會發呆做夢，在他們發呆和做夢的同時，書是他們最私密的好友，在閱讀中，沒有批判和譏諷，卻可隨書中的主人翁，海闊天空一起遨遊，或狂想或計畫，而成為心靈知交，不僅留下年少時，從閱讀中得到的神交良伴（一個回憶），如果能兩代共讀，讀後一起討論，綿綿相傳，留下共同回憶，何嘗不是一幅幸福的親子圖？

2006 年，我們升格成為祖字輩，有一位朋友提了滿滿兩袋的童書相送，一袋給新科父母，一袋給我們。老友是美國國家科學院院士，曾擔任過全美閱讀評估諮議委員，也是一位慈愛的好爺爺，深信閱讀對人生的重要。他很感性的說：「不要以為娃娃聽不懂故事，我的孫兒們一出生就聽我們唸故事書，長大後不僅愛讀書而且想像力豐富，尤其是文字表達能力特別強。」我完全同意，並欣然接受那兩袋最珍貴的禮物。

因為我們同樣都是愛讀書、也深得讀書之樂的人。

謹以此套「世紀人物 100」叢書送給所有愛讀書的孩子和家庭，以及我們的孫兒——石開文，他們都是世界上最幸福的孩子，因為從小有書為伴，與愛同行。

寫普立茲傳的幾個月當中，我不知問過自己多少次：「這麼不講道理的人，到底是怎麼回事？」

可是，古今中外，那些堅持朝自己的理想走去的人，不是都有點「糞坑的石頭」那種味道嗎？

普立茲就是這樣。

一生為理想奮戰不懈，卻做不到無怨無悔，面對阻礙老是憤怒不已。每次碰到挫折便東怪西怪的，對妻小與屬下極盡挑剔。因此，惹得人人怕人人恨，只是，他那種為實現理想而努力不懈的精神卻又讓人不得不佩服。一般人能辦到的恐怕還不及他的百分之一，何況，他一直都處在身心健康非常敗壞的狀態下，更別說後來又雙眼失明了。

然而，除了普立茲本身所具備的奮鬥精神以外，他之所以能夠成為歷史上最具影響力的報業鉅子，自然也是因為他身處的那個時代的特殊背景所造成的。

他出生並成長於歐洲，受到良好的教育，對歐洲的文化藝術有相當好的涵養，後來因為家道中落而遠走他鄉，因緣際會的在美國南北戰爭進入尾聲之際移民美國，並憑藉他在歐洲接受的教育與知識，在美國闖出一片天下，終成為報業史上一位創世紀的人物。

戰後的美國成為歐洲移民的新大陸，當時從歐洲來的移民一年就達到十萬多人。沒有受過教育的歐洲移民靠體力，受過教育的靠頭腦，人人都努力的想在新大陸打下基礎。

在那個時代氛圍中，雖然處處都是機會，但是，真正能夠出人頭地的就是那些肯為理想奮戰不懈的人。普立茲的成功便是個典型的例子。

但是，在異地異國文化中單打獨鬥、白手起家的艱辛，不但非一般人所能想像，而且也做不到的。從這個角度來看普立茲，他那些不通情理的種種言行，便有了很好的解釋。

因此，我不打算將普立茲的缺點美化。因為，這麼一來你們將失去一個客觀評量那個人，以及他所處的那個時代的依據。

由於，你們英文都學的早，怎麼使用網路也都不陌生，因此，我便將所有重要的人物和地點的英文原名列在附錄裡，方便大家進一步查詢。比方，第 19 章「一生只向羅丹屈服」裡提到的 20 世紀初著名的肖像畫家沙金特，只要以他的英文名字上網查尋，你們一定會看到許多他所繪的肖像畫，尤其是從那些端莊優雅的仕女畫像看來，你們就會了解他之所以成為當時歐洲肖像畫的第一好手的原因。

另外，如果你正好是個漫畫迷，但是卻不知道連環漫畫鼻祖是誰，世界的第一本連環漫畫書叫什麼名字，那麼，你絕對有必要將第 9 章仔細的翻一翻。

在故事最後我也列了一份「普立茲小檔案」供大家參考。從這個小檔案大致可以看出普立茲的成就雖然偉大，但一生不順遂的時間居多。如果不是秉持理想主義者那種奮鬥精神的話，一點風吹草動恐怕就會將他擊倒，更別說面對家人死亡，日日受病痛折磨，甚至失明的種種嚴重打擊了。

另外，隨著普立茲生平所面對或所引發事件的腳步，我們幾乎也遊走了大半個地球。因此，我在此建議大家以地圖或地球儀來輔助，可以將整個事件弄得更為清楚。等你們真的從地圖或地球儀上找到各個事件發生的所在，我相信你們腦海裡所呈現出的那幅清晰的人事地結合為一的圖像，一定會讓你們心中生起久久不熄的喜悅。

識字讀書之初，人便有了煩惱，因為人會有疑惑。但是，現代人不識字不讀書是不可能的。因此，破解疑惑的方法就是多閱讀。等見識廣闊了，疑惑自然消除。

最後，我想說的是這本書，其實也很適合大人閱讀，理由至少有三。

一、幫孩子買書自己卻不閱讀，缺少身教的說服力。

二、如果大人陪同孩子邊閱讀邊查看地球儀，尤其是關於巴拿馬運河那一章，一定會帶給大大小小同享獲得知識的喜悅。

三、獲得知識的喜悅將成為解惑的動力，它會引領人一路探索下去，直到不可動搖的價值觀建構起來。此時，青少年長成了勇敢而樂觀的大人，而勇敢樂觀的大人變成了社會的良才。

這就是我之所以喜歡閱讀的原因，也是我與我的孩子一起閱讀和討論的原因。我希望藉此幫助我的孩子度過疑惑的青少年時期，讓他更有機會養成一個樂觀進取的性格，並在他脫離我們的呵護之後，知道如何獨自的往前走。

寫書的人

廖薇華

文化大學大眾傳播系畢業，目前居住在維也納森林的一隅。生活中，除了家務外，就是閱讀和寫作了。以筆名「米千因」發表作品散見《聯合報》副刊、《印刻文學生活誌》等報刊。曾獲 2000 年臺北市公車與捷運詩文佳作獎。

春、秋、夏三季喜歡到鄰近的前阿爾卑斯山區攀爬，冬天則非常喜歡在大雪後，深入樹林追逐鹿跡與觀賞白茫茫的林相。雖然已經習慣維也納的食物，只是，一想到臺灣夜市的麵攤子，便口水難抑。這是她居異地十幾年來唯一的抱怨。

天生的報人

普立茲

普立茲

1847～1911

前言

普立茲一眼微閉、一眼迷茫的吃著早餐，聽祕書為他念著由世界各地送到「自由號」上的報章雜誌，之後，就跟親近的朋友和祕書一起回覆信件，接下去就是擬定一個日程表。

心血來潮時，他會在早餐過後讓司機開快車到郊外跑一跑，並在高速馳騁的感覺中對祕書口述工作內容。這是他幾乎完全失明後的一種日常樂趣。除此之外，只要不是在船上，他每天一定出門騎馬溜達。這是他幾十年來的嗜好，失明之後也沒放棄。

然後，他返回「自由號」聽祕書繼續為他讀著來自紐約、巴黎、倫敦……的報紙，並且要求祕書將這些報導與他自己的《紐約世界報》做個比較，或提出看法。隨後，另外一位祕書進來記下他對這些報導的評論，接下去的祕書則負責與他交談以刺激他的思路，等他覺得腦力激盪夠了，再由另外一位祕書陪同，散步半小時，並且沿途要祕書針對那些他想知道的事情提出報告。只是，他的興趣廣泛無邊，那些可憐的祕書不但手邊至少隨時要備上五、六本書，甚至得具備上通天文、下窮地理的知識，才有可能保住飯碗*。

跟所有祕書一起午餐之後，其中一位便要在他午休時，為他念書直到他睡著為止。等他醒來，大致會將早晨的作息重複一

放大鏡

*普立茲的一位祕書就在其所寫的普立茲傳記上說，有一次普立茲就同時要求他針對作曲家華格納、紐西蘭律師收費標準、美國貿易、史密松尼學會、巴拿馬運河、獨立宣言、一夫多妻制……概略做個說明。可見，有一個對知識極端渴求的盲眼老闆，確實是不怎麼好玩的事。因此，有些離職的祕書一提到他，難免咬牙切齒。但是，其中也有對他十分敬畏的人。

遍。吃晚餐時，大家在鋼琴祕書彈奏的樂音下，洗耳恭聽普立茲滔滔不絕的談論時事，有時也會被普立茲點名來朗誦詩歌或念一段歌劇對白。九點鐘左右，普立茲終於累了。這時，普立茲會指定其中一位祕書到他床邊念書，直到他睡著為止。

這就是普立茲從紐約的豪宅搬到「自由號」後典型的一日。

但是，1911 年 10 月 29 日那天，普立茲抱怨胸口痛而沒能依照日程表作息，隨即陷入沉睡，醒來後，意識清明的要求德文祕書為他念書。當祕書念到法王路易十一世死亡那一刻，普立茲突然睜開眼睛望著他的祕書，輕輕的以德語說："Leise, Ganz leise..."（安靜，全然的安靜……），隨即闔上失去視力的雙眼，向世間告別。

1847 年出生的普立茲享年六

十四歲，死後葬於紐約的伍德隆墓園。

最鍾愛的小兒子赫伯特和長子瑞夫繼承了《紐約世界報》，二兒子小約瑟夫則接掌了《聖路易快訊報》。哥倫比亞新聞學院獲得了一百五十萬美金的捐款，另外，有五十萬美金是留做第一屆國家書籍戲劇音樂以及新聞獎的獎金。

普立茲一生的死對頭《紐約美國人報》的發行人赫斯特*，在他的報紙上如此追念普立茲：「一個屬於國家暨世界巨塔般的人物過去了；一股國家生命和世界活動的強壯的民主力量止息了；代表人民權力和人類進步那份運作不輟的動能結束了；約瑟夫・普立茲離開這個世間了。」

放大鏡

＊**赫斯特** 一如普立茲般強韌。一生暴起暴落，死時手上仍擁有十八家報社、九種雜誌、八家電臺和一家國際通訊社。

1 落腳新大陸

以現代人的眼光來看，普立茲之所以成為對世界新聞界影響最深遠的人物，原因不外是命運的支使和美國當時的時代背景所致。

普立茲於1847年4月10日生於奧匈帝國*的匈牙利東南方一個盛產洋蔥的小鎮梅扣，家境富裕，父親是從事穀類買賣的商人，家中就他和弟弟亞伯特兩個孩子，兄弟倆從小受到良好的教育自不在話下，可惜父親在他十一歲時就過世，母親再嫁之後情

放大鏡

*當時的奧匈帝國在哈布斯王朝的掌管下，匈牙利、捷克・巴爾幹半島大多數地區，甚至部分義大利都在其勢力範圍之中。因此，會說代表權勢的德語是當時上流社會的表徵。直到如今，該地區還是有許多人會講德文。普立茲之所以會講德文也就是這個原因。

況從此有很大的轉變。

有人說，因為他非常不喜歡他的繼父，也有人說是因為母親並沒有能力撫養他，所以當時僅十六歲的普立茲才需要自己設法自力更生。

普立茲想，自己雖然受過良好教育，實際卻無一技之長，經過深思熟慮，也唯獨當兵一途可行。

他首先想到可以向在奧地利任軍職的叔叔求助。但是，十六歲的普立茲非常瘦弱，接近一百九十公分的身體卻沒幾兩肉，皮包骨不說，視力也非常差，雖然有叔叔的推薦，還是沒被叔叔推薦的軍團接受，可見普立茲的身體狀況實在差到不行。

普立茲不死心，帶著叔叔資助的盤纏跑到巴黎，計畫投到路易士・拿破崙三世的外國兵團，他想或許可以被分發到墨西哥去打仗*。只是徵選單位的人一看到弱不禁風的他，一下子就將他打了回票。

於是他輾轉來到倫敦，想要加入派往印度為英國作戰的軍隊*，結果又是一樣。負責體檢的人懶得看他第二眼，便直截了當的叫他回家了。

普立茲失望的回到歐洲，向北德普魯士王國*尋求最後一個可能性。結果仍舊一樣。普立茲不得已只好轉當一名水手。

為了求職，他徘徊在漢堡港口，上下往返於一艘艘停靠在港口的貨輪找工作，結果當然都沒有成功。那些臂膀粗壯的水手，一看到瘦骨嶙峋又戴眼鏡的普立茲，邊嘲笑邊揮手叫他滾。要不是有人告訴他去找一個傭兵掮客的話，他可真的要流落街頭了。

這個掮客是為美國南北戰爭*在歐洲找傭兵，所以，他一心只想靠人頭賺傭金，可沒在乎來人是瘸子或是瞎子，通通安排上了開往美國的船隻，等抵達美國之後，再由他將召募來的傭兵押送到連隊兵團手裡，以換取傭金。瘦弱的普立茲，當然也在其中。

放大鏡

＊路易士・拿破崙三世任法國第二共和國的總統期間，曾與英國和西班牙組成聯合外國兵團進攻於 1821 年脫離西班牙殖民的墨西哥，理由是墨西哥經濟垮臺，無力償還外貸。後來，英、西兩國考慮本身的狀況而退出，僅法國繼續挺進並取下墨西哥。路易士・拿破崙三世為討好哈布斯王朝便讓王朝的馬克西米連出任墨西哥國王。

＊當時雖正值英國殖民期的高峰，但屬於英國軍隊的印度兵卻開始騷動不安，於各地軍營紛紛發起反抗運動。當時，西方的殖民主義者視奪取別人的土地為理所當然，所以，普立茲才會想到去印度為英國打仗。不像現在，人們是以道德批判來看待殖民主義的。

＊當時的德國境內分成眾多的王國。北普魯士是其中之一。

＊**南北戰爭**　是美國自 1776 年建國以來唯一的一次內戰，其原因大致可說是南北方在經濟生產方面有南轅北轍的看法，北方重改革，生產逐漸由機器取代，但保守的南方則依舊得仰賴黑奴來從事生產。後來，代表北方的林肯獲勝，因此，南北戰爭也就成為解放黑奴的契機所在。

當船隻橫越大西洋時，普立茲便決定，等船一抵港口便跳船，再親自前往連隊報名。他想與其讓那惡人領去傭金，倒不如錢都入了自己口袋最有道理。

於是，就在船即將於波士頓港下錨前，普立茲偷偷的溜到甲板、跳船、游抵岸邊，隨即搭上一列開往紐約的火車快速逃離。

出乎意料的，沿途竟然處處見到召兵站。於是他溜下火車往最近的召兵站報名，終於在 1864 年 9 月 30 日那天成為林肯騎兵隊的一員。更讓他驚喜的是大部分隊員竟然都是德國人。這對當時幾乎一句英文都不會說的普立茲來說，確實是很大的振奮，而且馬上就萌生出美國將會成為他創造未來的基地的感覺。

只是，事情似乎不如他所預期的那般順利。當他前去兵團報到時，負責審理的軍官一見到餓了好多天，羸弱不堪的普立茲時，便把他遣到另外一個連隊。之後，他就這樣因身體羸弱而一再的被轉送，直到他再也忍受不了侮辱而出手打了長官，面對被開除的命運。

此時，有個軍官見他雖然羸弱卻鬥志昂揚，出面表示願意將他留下來。普立茲這才被正式編列為騎兵隊的一員，天天接受嚴格的操練。

天天被操個死去活來的軍旅生活，畢竟離理想太遠，而且那種被規律框住，處處服從的生活也讓他痛恨萬分。

所幸，隔年南軍便宣告投降。於是，普立茲領了一筆豐厚的遣散費，高高興興的離開軍隊。只是普立茲高興不過幾天，當他見到滿街都是被遣散、急著找工作的退伍軍人時，他的心可涼得跟被關在冰庫一樣。

他跟那些團團轉找工作的人沒兩樣，幾乎一句英文也不懂，就算在歐洲受了良好的教育，德、法文都說得很流利又有何用！歐洲文化、歷史、藝術的知識塞滿肚，可是又不能當飯吃。普立茲沒有別的選擇，只能聽從一位剛認識、比他早來美國的人的建議，前往工作機會較多的西部。

普立茲賣掉身上唯一值錢的一條絲質手帕之後，趕到火車站，在票務窗口前掏光了口袋裡所有的錢問售票員：「用這些錢往西最遠可搭到哪裡？」

於是，命運將他帶到密蘇里州的聖路易。只是，他並沒有一下火車就到達聖路易市。因為視力差，又是晚上，普立茲遠遠望見燈光，以為那就是聖路易，便跳下火車，後來發現他要去的地方，竟在前面那條寬闊的密西西比河的對岸。

他望著浩浩蕩蕩的密西西比河，知道那河可不像他跳船的波士頓港口那般平靜，再善泳都可能慘遭滅頂，但是他身無分文，無法搭渡輪過河，無計可施之下只好跟渡輪老闆商量，以做工來抵付過渡費。

渡輪老闆慷慨應允，讓他在汽船上剷煤炭，而且在他付清費用之後，仍舊留用他。這份差事算是普立茲到美國之後的第一份工作。可是，野心勃勃的普立茲在兩岸的碼頭都混熟了之後，異想天開的當起了企業家，做起了承攬貨輪卸貨的生意。可惜年紀太輕、體力差，既無經驗又沒本錢，終究再度落得身無分文、體衰力竭的地步。不得已只好找職業介紹所幫他介紹工作。

這次，他找到了一份比較輕鬆的工作，是到一個有錢人家裡去當馬車夫。只是人家很快便發現他的視力很差，深怕他會撞上什麼東西而鬧出不可收拾的事來，所以不過兩個星期他又失業了。

眼見就要餓死了，誰知道聖路易卻在此時傳出瘧疾疫災，死了不少人。別人不敢靠近這些死人，捱餓受凍的普立茲可沒別的選擇，他跑到醫院應徵挖壕溝掩埋屍體的差事。他做事認真而且有條有理，眼見就要被升任工人的主管，偏偏一個很會拍馬屁的人將這個機會奪去，氣得普立茲憤而辭職，便再度失業。

普立茲從一個卑微的工作換到另外一個更卑微的工作，始終找不到能發揮滿肚子學識的理想工作，甚至還越離越遠。

然而，命運之神見他如此堅持，終於心軟的將他從十字路口引到一條正確的道路上來。雖然，後人知道這條路正是政客利用陌生人對當地狀況的無知所施的假慈悲。只是命運之神果真要造就一個人的話，這段驚險的路途，普立茲勢必是避免不了要經歷的。

2 當了記者

南北戰爭後的美國呈現出前所未有的混亂，疫情頻傳，盜匪哄起，而政客則趁火打劫。

那時的密蘇里就是那樣，因此，鐵公路時常因為盜匪橫行而停駛，惹得做生意的政客懊惱不已，但卻找不到解決的辦法。

美國人對這個情形都很了解，因此很少有人願意冒著生命危險出門賺錢。可是，普立茲並不清楚。因此，當一個承攬分派報紙生意的政客表示，願意提供普立茲馬車，好讓他穿梭盜匪出沒的鄉間派發報紙時，不知情的普立茲一點也沒有猶豫就答應了。命運之神既然要引他走上報業這條路，自然就會暗中助佑。果然他安然無恙的完成了任務，為日後成功的報業鋪了路。

可是等火車恢復通車後，普立茲又失業了。

他的老闆在稱讚他的勇氣、負責和準確之後賞了他一筆小錢，並鼓舞他去念法律，因為他具有當律師的道德特質。

當時的聖路易可說是德語系移民的聚居處，不斷移民到美國的人都需要有人協助處理一些文件。普立茲看出來這塊地方像個挖掘不完的金礦一般，機會無時不在，只是等著努力的人去開發而已。

此後，他更加發憤用功，除了到處去打工以外，工餘便到圖書館看書，準備報考實習律師資格。無工可打的日子，普立茲早早就在圖書館的階梯等候圖書館管理員來開門，中午喝點水，吃兩粒蘋果之後，繼續念書到圖書館關門。那種用功的程度直可媲美懸梁刺股的孫敬和蘇秦。

後來，他在圖書館的下棋室認識了一個中學校長，並且經過他的引見認識了德文報紙《西方郵報》的兩個編輯。這兩個人發現普立茲德文說得很好，所以問他想不想到報社工作，普立茲說他現在正準備考律師，工作的事他得考慮考慮。不過他說明在先，如果可以到報社工作，他可不想再為報社照顧什麼騾子。

原來，當普立茲厭倦當渡船剷煤工人時，曾經拿著報上一則《西方郵報》的徵人啟示前去應徵。原先以為是記者之類的工作，沒想到辛辛苦苦的走了幾個小時找到《西方郵報》辦公的地方，才知道是要他管理十六隻騾子。雖然普立茲年少時學過騎馬，然而與動物相處的經驗也僅僅如此。既然都來了，他想有工作總比流落街頭好，只好硬著頭皮接下工作。

誰知，牡羊座的普立茲所具備的固執及領導欲望等特質，在那十六隻騾子身上也發現得到，而且騾子比他還拗，沒幾天就將他折磨得豎起白旗。

他要騾子朝西，那群牲畜偏要朝東，他要騾子推磨，那群牲畜卻一步也不肯移。連幾隻牲畜都指揮不動，簡直要普立茲的命，氣得他老是在磨坊裡大吼大叫。如果，配發的伙食好些倒還可以忍耐，誰知竟比騾子的草料好不到哪去。普立茲幹了三天，就噴著鼻息辭了工，回去找渡輪老闆討回剷煤差事，順便到鄰近的餐廳當服務生。可是脾氣一來，對於趾高氣揚的客人不但不假辭色，甚至氣起來還將整盤菜往人家頭上倒。

因此，他就在有一餐沒一餐、露宿街頭的情況下，每天到圖書館念書，硬生生的將那些咬文嚼字的法律條文給背得滾瓜爛熟，而通過了實習律師的資格考試。

從 1864 年普立茲抵達美國，到被律師公會接受他成為實習律師的 1868 年，不過四年的時間，普立茲已然躋身於美國的上流社會，且於前一年入籍美國，成為美國公民。

原先普立茲以為當了律師以後，就可以將心中的正義感具體實行。但是，可能由於他那口具有強烈德語口音的英文，讓客戶退避三舍，他的律師生涯並沒有成功，後來又輾轉回到《西方郵報》，不過這次他直截了當告訴報社老闆說：「我是來應徵記者的，其他性質的工作概不接受。」

報社老闆對他那付堅決的想成為新聞從業人員的態度印象深刻。這次他終於獲得了期望已久的工作，正式成為一個新聞人。

他事後如此形容當時的心情：「一個沒沒無聞，運氣極差，幾乎流落街頭的男孩被選中來擔負重責，這簡直跟做夢一樣！」

所以，他工作起來跟衝鋒陷陣的蠻牛沒兩樣，好像再困難的工作都難不倒他似的，因此常遭處事溫和但能偷懶就偷懶的同事們取笑。還好，普立茲已經知道要控制脾氣，任憑同事們再怎麼嘲笑也不予理會，一心只想把工作做好。他勤奮的寫，也主動參與編輯事務，隨時都擺出一付準備好要接受挑戰的模樣。

聖路易的德裔居民逐漸注意到普立茲這個人，也非常喜歡他據實而生動的報導。

根據當時一位同業所述：「我忘不了他看起來是多麼與眾不同，顯然是一獲知消息便從辦公室衝到現場來的模樣，沒穿外套也沒打領帶，一手抓著筆記本，

一手握著鉛筆，不等人問就先表明自己是《西方郵報》的記者，然後見一個問一個。我忍不住跟我的同事說，他可真是個討人厭的好奇鬼，死人差不多都讓他給挖出來了。可是，這正好顯示出他那付天生記者的架勢。」

那時期的普立茲專愛挖掘社會上，各式各樣不公不義的情事，並將為非作歹的人公布出來而毫無所懼。隨著聲名大噪，不久，普立茲便被升任為主編，隨後又被升為編輯主任。報社老闆眼見大才不可失，乾脆讓他入股參加報務營運，負責主管國內與社區的政治新聞。

3 政治狂熱的開始

很快的，聖路易及密蘇里州幾乎無人不識高個子，卻瘦骨如柴的普立茲。人們津津樂道他處理新聞如何迅速、又是如何的簡潔，他是如何的聰慧、又是如何的勤奮。當地的報紙也經常將他所寫的報導，翻譯成英文登載出來。於是，各社會團體邀請他去演講，名流家庭邀請他去參加派對，政治人物也來向他請益。

1869 年 12 月，報社派他去採訪密蘇里州共和黨參議員的提名會議，可是在他與同事到達會場時才發現，議會根本推不出適當的人選，採訪的新聞同業一哄而散。可是突然有人想到普立茲其實很適合擔任議員，便嚷嚷起來。大家重新聚集，圍繞在普立茲身邊，七嘴八舌的慫恿他參政。

普立茲先是以非土生土長的美國人為藉口來拒絕，隨後又說自己太年輕，不懂得怎麼處理政事，萬一當選也不曉得如何扮演參議員的角色……可是眾人仍舊不死心的勸，終於讓他點頭。

同意當共和黨的候選人之後，普立茲拼了全力來參選，最後以二百零九票比一百四十七票，打敗民主黨的對手，當選了密蘇里州的參議員。

為了不辜負選民的支持，普立茲秉持公平正義，到處挖掘社會政治的陰暗面，為弱勢族群主持公道，一方面藉著議會質詢期間拆穿假公濟私、陰謀圖利那些人的西洋鏡，並且在報紙上報導這些事情。由於他一度幾乎淪落街頭，所以對生活在社會底層的人充滿同情，因此每次見到戰後那些失業的貧戶所居住的地方，往往義憤填膺，並生出為他們改善生活狀況的心願，更下定決心要藉報紙的力量來為這些人服務。

滿腔正義的普立茲有報紙當工具，做起事更是無所懼，以致遣辭用字十分強烈，毫不為當事人保留顏面，因此，結下了不少仇家。

有一天，他在一家旅館餐廳內碰到曾被他在議會質詢得體無完膚的一位遊說議員＊。兩人一碰面便將旅館當議場，當面槓了起來。

普立茲說詞條理分明，遊說議員窘得無法應對，情急之下，口無遮攔的當眾責罵普立茲是個「騙子」。

胸懷正義的普立茲一生最恨

＊**遊說議員**　就是利用交情和影響力來遊說議員通過一項對某方有利的法案的議員。

人家反是為非，所以聽到有人如此叫他，一時氣昏了頭，轉身出去拿了把槍，逼那議員道歉。可是，那個議員堅持不道歉，普立茲只好硬著頭皮開槍。議員不甘示弱，立刻一個拳頭揮過來，將普立茲打倒在地。普立茲一槍落空，再補一槍之後，射中議員的大腿。普立茲隨即被警方逮捕。

事後那個議員堅持普立茲該以謀殺罪被定罪。但是普立茲以保護名譽和自衛為自己辯護。最後經過有力人士的斡旋，普立茲被科以美金一百元的罰款。被警方釋放後，普立茲立即宣稱自己戰勝了騙徒，日後更要以打擊賄賂虛假為志，並且展開了普立茲一生與政治糾纏不清的狂熱情況。

只是，他的政治狂熱並未感染《西方郵報》的老闆卡爾・蘇茲，相反的讓蘇茲感到厭倦。於

是蘇茲表示願意將自己的股權賣給普立茲。

普立茲見機不可失，借了錢買下《西方郵報》，從此藉著報紙專打虛偽的政客，儼然是專為小市民打抱不平的英雄。

密蘇里的州長注意到普立茲好打不平的個性，因此指定他擔任聖路易的警政委員。普立茲手握新聞與政治權力，做起事來虎虎生風。1872年被指定為自由共和黨的提名代表，很快又升任祕書，巡迴全美各州為共和黨推出的總統候選人助選，先後總共發表了六十場的演講。然而，選舉結果卻令人大失所望。現任總統再度獲勝。

受到這個打擊之後，普立茲退出共和黨，並將訂戶倍增後的《西方郵報》賣回給蘇茲，然後回到匈牙利和歐洲各國旅遊。

可是，普立茲根本無法輕鬆

的享受風光明媚的歐洲景色，他心事重重的為未來做規劃。於是，他回到美國之後又買下另外一家德文報紙，花了極短的時間便將它整頓起來，可是隨即又將它賣掉。

在美國辦德文報紙並不是他想要的，而且德文報紙的讀者畢竟有限，如果想擴展事業必須辦一份英文報紙不可。但是機會可遇不可求，所以，他決定暫時丟下一切，到歐洲輕鬆玩樂一番再說。

報社老闆

從歐洲回到美國後，普立茲一邊擔任密蘇里州的制憲代表，一邊為《紐約週日報》撰寫文章和當通訊員*。

他秉持一貫風格，問政發言條理分明，從國際事務到地方教育都是他關注的議題。然而，他認為政治雖可抒發正義情感，可是作用卻比不上報紙所能提供給大眾的服務來得大。因此，他隨時都在物色有意出售的英文報社。只是三四年都過去了，他始終沒能找到合適的報社可買。他逐漸失去了耐性，便跑到歐洲去找。可是對於他的洽詢，人家給的答覆都是否定的。

放大鏡

*通訊員　就是派駐外地，隨時向報社發回當地最新消息的記者或報導員。

他再度由歐洲返回美國，並以更大的熱情投入政治活動。此後，他開始論人不論黨的支持他心目中優良的候選人。

1876 年他為民主黨的總統候選人到處演講競選，一邊還為《紐約週日報》撰寫有關大選的文章。因為身歷其境，他根據第一手資料所寫的文章，吸引了許多關心大選的讀者，使得《紐約週日報》銷售量大增，更證實普立茲認為報紙能發揮救世力量的看法，促使他更積極的尋求購買報社。普立茲常常從清晨工作到半夜，向來忽視健康，加上先天體質不良，過度投入競選活動之際，不時嘔出血來，健康開始出現警訊。

此時，他結識了紐約上流社會的千金小姐凱特・大衛斯，並且墜入情網。只是憑他的身分想跟這位和前總統傑佛遜有親戚關係的千金小姐交往，並且論及婚嫁，恐怕是當時社會所不能接受的，況且，三姑六婆又老愛挖出他的猶太身分來大作文章。

只是三十一歲的普立茲確實需要一個家，而且，也不想再浪費時間，於是，仗著向來說理分明的思路，以及夾敘夾議的書寫風格，給凱特寫了幾封無從反駁的情書，果然立獲美人首肯，不顧一切的應允下嫁。

1878 年 6 月，普立茲與凱特結婚，婚後預定到歐洲蜜月旅行十個星期。

凱特原本以為丈夫會暫時丟下一切，帶著她輕鬆的在歐洲旅行。可是，普立茲卻事先與《紐約週日報》說好，趁蜜月旅行之便，為他們報導歐洲情勢，同時他也沒有忘記要藉機在歐洲物色報社。然而，十個星期過去了，普立茲對購買報社一事，仍舊一無所獲。

兩人回到美國之後，普立茲才發現，光靠新聞記者的收入，要養家活口並非易事，況且凱特是個過慣奢華生活的千金大小姐。於是，他決定將凱特留在華盛頓，自己則回到聖路易當律師。

然而，他一回到聖路易，並沒有立即著手進行律師事務，相反的，卻焦急的打探當地有無要轉手的報社。

不久，他聽說一家叫做《聖路易快報》的報社，因經營不善而面臨倒閉，正向法院聲請公開拍賣。

1878 年12月初的一個寒冷的清晨，普立茲懷著全部的資產五千美元來到聖路易的地方法院，擠在一群等著出標的人當中，緊張的觀看拍賣的過程。但是他卻一直都沒有出標的動作。

25

《聖路易快報》由一千美元起標，逐漸加碼到二千五百美元，便不再有人競標。得標的人是普立茲的朋友。

原來普立茲太過於緊張，很怕將事情搞砸，只好商請他的朋友為他出面競標。

普立茲付了二千五百美元，實現了當報社老闆的夢想。

可是 12 月 8 日那天，他一腳踏入報社時才發現，報社的狀況比他預期的還要糟糕得多。

工人流散、印刷機器老舊不堪、樓梯斷裂幾成危樓、記者與編輯人員都另謀高就去了，雖然說還有近一兩千份的發行量，報紙卻印不出來……。

只是，普立茲當報社老闆的夢想大到沒有什麼人、什麼事可將他打倒。面對這一團亂的狀況，他二話不說，召集僅剩的員工，弄清楚每個人負責的工作之後，立即捲起袖子帶領大家開始整頓。

他一邊將別家報紙的報導，改編成符合自己觀點的文章，一邊讓人湊出一千張的白報紙，同時讓工人搶修印刷機器。四十八小時之後，一千份的《聖路易快報》終於搞定，並於傍晚時送達各報攤販賣。

面臨倒閉的報紙這麼快換手，而且立即回到市場來一爭長短，可把聖路易另一家名叫《聖路易郵報》的晚報老闆嚇壞了。他緊急上門求見尚未謀面、可敬又可畏的對手，並且毫不猶豫的提出合併的建議。

普立茲立即應允。三天後聖路易的兩家晚報以《聖路易郵報快訊》出現在各地的報攤上，因為內容聳動，造成有閱讀晚報習慣的讀者，捨棄另外一家保守的晚報《聖路易之星》，而就《聖路易郵報快訊》。

當時美國西部的報業可說都掌握在早報手裡，但是，卻在普立茲買下《聖路易快報》，且與《聖路易郵報》合併之後，呈現出早晚報的發行量平分秋色的狀況。

普立茲藉報紙宣稱：「我們的報紙不為任何黨派，但只為人民提供服務；不當共和政體的宣傳工具而是報導事實；不為行政缺失的後盾而是批評它。」

這項宣言觸動了普羅大眾的心，自然獲得許多民眾的支持。報紙發行量在短短的時間內倍增到了五千份，並且一路飆高。

在解決所有硬體與技術問題之後，普立茲開始思考，是否以揭發貪污情事來當報紙發展的方向。不久，他在報紙上發出一則提問：「什麼是公眾生活的大敗德？當然是貪污。造成貪污的主因又是什麼？當然是對金錢的貪婪。」

顯然的，他並未打算與讀者討論這些問題，因為他心中早有答案。這樣的提問不過是用來吸引讀者的注意力，藉此促銷報紙。被這些問題激起好奇心的民眾，等著看普立茲如何針對這些問題，採取積極的行動。

剛開始，普立茲挖出一大堆身穿華服、住華廈的有錢人，和稅吏所涉嫌的逃漏稅事件，以及一些不公平的稅制。接下去，他製作一系列的貪污醜聞報導。從賭馬到樂透彩券，從保險詐欺到官吏收賄……並將那些聳動的新聞當成頭版頭條來處理。大大的字體放置於頭版頭條，可不聳人聽聞嗎？路過報攤的民眾誰能不停下腳步，然後掏腰包買份報紙一睹為快？因此，《聖路易郵報快訊》的銷售量短時間內，便凌駕於各日報之上。隔年，另一家晚報《聖路易之星》終究不敢這麼強勢的勁敵而退出報業。普立茲也趁機將報紙改名為「聖路易快訊報」。

於是，日報業主對普立茲群起而攻，異口同聲以「煽動主義者」加以撻伐，卻反而為普立茲宣傳。普立茲趁機發動一系列的街頭清潔運動和官吏廉潔運動……在在獲得成功。從此，普立茲陷入以報紙主宰群眾注意力的狂熱而無法自拔。他一心只想把報紙辦好，再無暇他顧。雖然在長子瑞夫出生後，普立茲答應凱特至少星期日會留在家裡，但是他極少能夠遵守這個承諾。

普立茲樹敵日多，必須隨身攜帶手槍。凱特為他的安危憂心不已，同時也為他日漸衰弱的健康擔心，尤其是他的視力。

報社在普立茲的指揮下，他

的合夥人幾乎無事可做。他們雖然厭倦受到普立茲的宰制，可是，又提不出另一套更高明的經營手法，最後便以四萬美元將股份賣給了普立茲。

普立茲從此成為獨資的報業老闆，使他更可以放手朝他理想的報紙走去。

5 三大夢想

1880 年 9 月，凱特生下長女路西兒，普立茲留在家裡不到一個星期，便出門為民主黨總統候選人漢寇克競選。反正在家裡他也是坐立不安，跟家人所談論的不是報紙就是政治。他私心極想親自出馬競選總統，可惜礙於美國總統必須是在美國出生的法規，而無法將之付諸實行。但是，他總是跟人說，總有一天，他會利用他的影響力選出一個總統來。就在這段期間，普立茲心中悄悄的生出三個夢想來。一是為美國民眾推選出一位好總統，二是報紙發行量超過百萬，三是為百姓創造更好的生活。

然而，第一個夢想卻在他所支持的漢寇克宣告敗選之後再度破滅。總統大選後普立茲重新將精神投注在報紙上。

1880年底，《聖路易快訊報》的發行量達到九千份，報紙所登的廣告數量比報導多出一倍，每年淨利高達四萬美元。

隔年，大夥搬出舊報社遷入一處普立茲花了八萬五千美元建造的大樓，不但機器全部換新，所有員工還獲得更好的待遇。

人們極難想像曾經一度流落街頭的普立茲，竟然會有功成名就的一天。然而，這就是當時美國的情形。似乎雙腳踏在新大陸的土地上，往下一挖便有黃金一樣。因此，那些年光是從歐洲來的移民就有五百萬之多。在旁人還未將注意力放在一批龐大的新移民身上時，普立茲心中早就盤算好了，遲早要將這些人納入自己的讀者群當中。

為達到這個目標，普立茲每天工作十二到十六個小時，他睡得極少，視力急劇衰退，神經緊張，時常抱怨頭痛耳鳴。醫生一再告誡他要休息，否則恐怕健康會出大問題。他被迫休假，決定去紐約探望弟弟亞伯特，順便休息。但是他卻跟弟弟天天談論報紙，而且一談起來就興奮難抑。那時亞伯特也正在籌辦自己的報社，兄弟倆日夜相處了幾天盡說報紙，全都忘了普立茲是來靜養的。

1882 年，凱特再生一女，名為凱薩琳。但是那一年可是多事之秋。

普立茲與長子瑞夫的健康狀況都很壞，於是全家人離開美國前往德國渡假。不料報社主編卻在此時涉嫌一樁謀殺案，後來雖獲法院以不起訴撤案，但是其他報社見機不可失，便趁勢鼓譟民眾對普立茲大加撻伐。剛開始，普立茲堅持力挺他的主編，但是

《聖路易快訊報》的發行量卻節節下降。普立茲萬不得已只好將主編開除。只是，這樣做仍然沒能阻擋住下滑的發行量。

普立茲大受打擊，極壞的健康狀況讓他不得不認真考慮，醫生要他休息靜養，直到恢復健康為止的指示。他訂了前往歐洲的船票，登船前在弟弟家先住了幾天。此時弟弟也踏入報業，辦了一份叫做《晨旅報》的報紙。兄弟倆相處的這幾天自然也是隨時隨刻都在談論報紙，興奮起來更是徹夜未眠，早將健康問題拋諸腦後。

亞伯特有一天提到，紐約一家名叫《紐約世界報》的「一分錢報」，虧損累累恐怕又要轉手。普立茲一聽，興致又來了。他想，或許可藉這份報紙將基地轉到東部發展。於是，他退掉船票，到處打探消息，等確認了消息並非謠言，便上門求見《紐約世界報》報主古德。

古德家道殷實，頗具生意眼光，可說是投資什麼都賺錢，卻偏偏對辦報外行，自接手《紐約世界報》以來，每年虧損四萬美元，發行量僅剩一萬五千份。

可是，古德畢竟是老謀深算的商人，早就打聽出來，多年來，普立茲都在尋找購買另一個報社的機會。因此，向普立茲一開口即要價五十萬美元，並且有兩個附加條件，那就是普立茲必須連帶將報社大樓以二十萬美元買下，並且留用所有的員工。

聽到古德開出的條件，普立茲可苦了。一來，他沒那麼多錢，二來，那些舊員工的素質如何，他根本不清楚。這條件，他可得好好思考一番。

冷靜下來後，除了古德開出的條件之外，他這才考慮到，紐

約已經有相當多的競爭同業，像《先鋒報》、《時報》、《太陽報》等，他接手《紐約世界報》後，是否能夠與他們一較長短？弟弟辦的《晨旅報》豈不是變成對手，普立茲家可不是要自相競爭了？就算這些都可以克服，自己的健康可早已亮起紅燈，接了手之後，難道不需要在上面投注大量的精神嗎？

他思前想後，本來睡眠品質就已經很差了，如今又添上了這份心事，更是睡不著覺了。

過了幾天失眠的日子之後，普立茲告訴凱特說他再也不想辦報了。

凱特一笑置之，她知道丈夫對報業的野心，斷不可能因為這些問題，讓他就此罷休的。

果然不出所料，普立茲盤算好了計畫，還是跑去跟古德談妥了買賣。

他看準了古德不想再繼續虧損下去，討價還價的以三十五萬美元成交，且是以分期付款的方式將報業大樓租下來。最重要的是，他保留了選擇編輯的權力。

有了這份報紙之後，普立茲首先著手的是實踐為百姓創造更好生活的大願。

他大肆挖掘社會、政治上的各種醜聞，警察貪污、剝削廉價勞工、官商勾結等情事，企圖引起相關單位的重視，進而改善百姓生活。紐約是個大城市，處處充滿了不為人知的黑暗面。普立茲便讓記者儘量去挖掘這些醜聞，頓時將整個紐約搞得沸沸騰騰。人們成天就想從《紐約世界報》獲知每天發生在紐約那些聳人聽聞的事情。

當時紐約作為歐洲移民潮的入口港，許多人一下船即打算在這個城市落腳討生活，舉凡找房子、找工作、找協助單位、買二手傢俱、找律師等等，都要看報紙。普立茲看準了這批一年五十萬的移民，準備將這些人納入《紐約世界報》的讀者群裡。於是，他要求記者儘量以淺顯的文字寫稿，多多報導一些貧民出頭之類的新聞，並且以聳動的筆調來報導謀殺案。此外，他也為報社添購了新的機器，以便可以將照片和插畫清楚的印出來，所以那些犯罪的人和貪官污吏全都在大眾面前曝了光。普立茲又為男人設立運動版，為女人設立專欄，教導她們如何融入社會。另外，他知道那些工人階級到了週末才有空閒坐下來看報，因此又創立了一份《世界週日報》，內容都是些聳人聽聞的吸毒、一夫多妻之類的報導。

他全心全意的辦報，像搞一人革命，整個報社全都在他掌控之下，發行量節節高漲，不久，《紐約世界報》的發行量便逼近了四萬份。

然而，就在普立茲逐漸實現他的夢想時，兩歲大的凱薩琳卻在此時因肺炎不治而過世。普立茲無法面對喪女之痛，更將所有的時間耗在報社裡。

6 豎立自由女神

隨著《紐約世界報》的成功，普立茲又回到了政壇。

首先，他接受民主黨的委託，代表紐約第九地區參選國會議員，獲勝之後又為民主黨的總統候選人、當年的紐約市長克利夫蘭助選。

普立茲卯足全勁，以手上的《聖路易快訊報》和《紐約世界報》為克利夫蘭大肆宣傳，來對抗共和黨的布廉。這場競選可說是美國歷史上最煽情的一場總統競選，因為支持兩位候選人的報紙，無不竭盡所能的挖出對方的醜聞登在報紙上*。

普立茲全心全意要實現自己「選總統」的夢想，所以挖掘對方的醜聞可說不遺餘力。當他獲知布廉與商業鉅子們共進晚餐來籌募競選經費時，他便用半頁大的漫畫來諷刺說「沙皇布廉與猴子王的皇家宴會」，吃的是「遊說議員布丁」和「壟斷湯」。

兩邊人馬互揭瘡疤，害得選民真是無所適從，看起來兩個候選人都不怎麼乾淨，實在不知道該選誰好。

民調顯示布廉與克利夫蘭都有希望，但是，他們都沒有把握。

還好，挺布廉的報紙實在拼

放大鏡

＊普立茲利用頭版頭條印出：

四個選克利夫蘭的理由

1. 他是個誠實的人

2. 他是個誠實的人

3. 他是個誠實的人

4. 他是個誠實的人

可是對方的報紙也不甘示弱的隨即以同樣的處理方式登出：

媽媽，我爸爸在哪裡？

去了白宮了嗎？呵呵呵！

使得克利夫蘭有私生子的祕密曝光。於是《紐約世界報》也就將布廉太太「先上車後補票」的事情登出來。

不過點子多、反應快的普立茲，結果是克利夫蘭險勝，一圓普立茲「選總統」的夢想。

當時，美國西岸幾乎已經是到了無人不知《紐約世界報》，人人閱讀《紐約世界報》的地步，《紐約世界報》的發行量於是再創新高。但是，批評接踵而至，人們說《紐約世界報》刊登太多暴力與色情的新聞。

普立茲則辯說：「照鏡子被嚇到的人，該責怪的是鏡子裡的人，而不是反映事實的鏡子。」

要兼顧報紙與政治，普立茲就像兩頭燒的蠟燭，身體衰弱不堪，二兒子小約瑟夫出生時，他在家陪凱特母子兩人幾天，也是在處理報社的事，他心裡很清楚自己再也無暇、也無力兼顧家庭生活。他懷著內疚，計畫帶全家人渡個長假，但是這假期卻因一個大雕像而泡湯了。

事情原來是這樣：當美國的國父華盛頓帶領民眾發動美國的民主革命時，法國曾經派兵協助，因此兩國成為友好的國家。法國人對能夠協助美國建立民主體制，感到與有榮焉，只是一百年後的美國已初具民主典範，法國卻還在為爭取民主而努力。那時，有一位法國學者拉柏列曾經舉辦一個餐會，邀請一些反對拿破崙三世的異議分子來共商對策，當大家討論到美國的民主精神時，在場的雕塑家巴托諦提議，大家應該用實際的行動來表示對美國民主精神的敬意。最後大家終於獲得一個結論，那就是讓巴托諦設計一個具有民主精神象徵意義的雕像送給美國，並且決定在美國建國一百週年的 1876 年 7 月 4 日那天，將那座雕像豎立起來。

於是，巴托諦前往美國國會

見一些政治要人，希望促成這項活動。問題是，那些政客人人都說那是個好主意，可是籌措經費時，卻個個搖頭不肯承諾。巴托諦只好回法國想辦法。

他辦籌款餐會、賣獎券、賣迷你雕像……始終只能籌到建造雕像的經費，但是將雕像豎立起來所需的費用，卻仍舊毫無著落，做好的雕像只能分批運到美國再想辦法。

美國獨立一百週年慶典那天，雕像三十英尺長的手臂運抵費城。人們第一次發現這雕像竟然可以攀爬，便排長龍等著花三十美分爬進去看一看，雖因此意外的籌到一筆小錢，可是仍舊與雕像奠基的款項離很遠。

此事傳到普立茲耳裡，他的內心又開始蠢蠢欲動，他不眠不休的動起腦筋，想利用報紙的力量，讓這件事圓滿解決，同時也對自己的報紙產生實質的利益。反應快速的普立茲很快就有了好點子。

他想到何不藉著報紙來向群眾籌款，一方面可藉機諷刺那些吝嗇的守財奴，另外也可促銷他的報紙，或許他的報紙可趁勢達到百萬發行量也不一定。

於是，他積極介入。首先他跟廣大的移民群訴求說：「這座名叫自由女神的雕像，將豎立在紐約港口，那個你們首度會見美國的地方，難道這對你們的意義還不夠清楚？」

可是有的人卻不為所動，認為「自由女神」只是紐約人的自由女神與他們無關。

普立茲加把勁來說服：「自由女神需要有個站起來的基地，就像各位剛到新大陸時一樣……」

他同時承諾，無論捐款大小，一律會將捐款者姓名登在他

的報紙上。

他這一招可真管用。難得出頭的小老百姓，於是紛紛解囊，男人決定少抽幾根煙，女人開始扣點菜錢，小孩把父母給的零用錢寄到《紐約世界報》的自由女神專戶，十幾萬的捐款者總共捐了十二萬美元，而《紐約世界報》的發行量則又多出了五萬份。

1885 年 6 月 15 日，自由女神被分裝在二百一十四個大木箱裡運抵美國。負責建造基座的工程師李查・莫里斯・漢特，用了兩萬四千噸的水泥，花了一年多的時間，終於將五十二英尺十英寸高的自由女神，豎立在紐約的巴德羅斯島上。後來人們便叫這個地方為美國門戶。

1886 年 10 月 25 日，雖然已經比預定的時間晚了十年，自由女神還是正式與世人見面了。典禮上，巴托諦當著美國總統克利夫蘭與法國駐美國大使，以及一些重要的閣員面前，激動得只能說出一句話：「我一生的夢想完成了。」

在場觀禮的普立茲心裡百感交集，既難過又高興。難過的是他因忙於報務，與家人的關係日漸疏遠；凱特對他極端不滿、她花掉的錢總是超出預算一倍、孩子們跟他一樣都不太健康……。令他高興的是《紐約世界報》的發行量已超過六十萬份，成為西半部發行量最大的報紙。眼前歡樂的氣氛，沖淡了些普立茲的愁苦。

為求自保其他報紙紛紛漲價，《紐約世界報》則維持兩分錢的價格，逼得許多同業關門大吉。

7 與同業的競爭加速健康的衰敗

「為你的意見奮戰，但不要相信你的意見，具有百分之百的真理或是唯一的真理。」(普立茲)

上面這幾句話可能很少有人知道，但是聽過「狗咬人不是新聞，人咬狗才是新聞」的可就大有人在了，這兩句話可不是出於普立茲的口中，而是《太陽晚報》的老闆查爾斯・大拿的名言。

大拿生於 1819 年，是新漢普夏人，十五歲即入報社見習。他跟普立茲一樣都是天生的報人，也同樣對政治很狂熱，而且一生也為衰弱的視力所苦。可惜兩人並未因此而惺惺相惜，反而因不同的政治主張，和各自所支持的政治人物不同，而時常發生爭執。剛開始兩人僅在報紙上針對對方的主張互相攻擊，不久卻演變成人身攻擊。

導火線就是普立茲重金挖角《太陽晚報》的主筆，大拿一氣之下，便在他的報紙上攻擊普立茲是個「否認自己根源的猶太人」。從此兩人你來我往，互不相讓，盡做意氣之爭。可是，說起來也奇怪，兩報的發行量竟然還上漲了一些。只是經過這樣一場爭戰之後，普立茲的健康更加敗壞。他吃不下、睡不著，呼吸急遽、喘不過氣，脾氣壞到沒人受得了，報社的人隨時隨刻都聽得到他從辦公室發出的咆哮。普立茲跟凱特的關係也陷入前所未有的低潮，因為凱特總達不到他對她的要求，三女兒依狄思出生時，他無一絲喜悅，反而覺得家人離他越來越遠，讓他難過萬分。

有一天，他走入辦公室準備

審核桌上文件時，突然發現他什麼都看不到。

緊急就醫後，醫生診斷是因眼球血管破裂所致，並說如果他想恢復視力，需要待在暗室至少六個星期。

普立茲難得遵循醫生的指示待在暗室，之後雖然保住了些微視力，卻令他感覺更加疲憊虛弱。因此他依照醫生的建議，帶著才聘任的閱讀祕書出門旅遊散心。

醫生原想讓他藉助旅行逐漸擺脫報社龐大的業務壓力，沒想到普立茲竟然有辦法邊旅行邊遙控，讓報社的編輯和祕書們隨時遵照他的要求，發電報向他報告。沿途他還想到要為《紐約世界報》找個新的辦公大樓。

他想到做到，一回到紐約便買下正好在《太陽晚報》斜對面的一長排房子，加以整修，打算改建成二十層樓高的辦公大樓。

由於念念不忘大拿的侮辱，大樓蓋好時，普立茲便在《紐約世界報》上刊登著「即使寒酸如《太陽晚報》的屋舍，也要因壯觀的鄰居而受惠」。

但大樓啟用典禮時他卻不出席，說怕興奮之情把他打垮。

此時，這位報業鉅子不但變得殘酷不講理，且對周遭的聲音非常敏感，一點點噪音就要讓他跳腳咒罵。他這樣的反應自然無法在吵雜的報社待下去，於是，便在他的報紙上宣稱自己從此將卸下編輯事務，不再踏入《紐約世界報》的辦公室。

隔天他便領著一堆祕書，前往歐洲旅行。雖然此後普立茲只回到《紐約世界報》的辦公室兩次，可是報社員工的一舉一動，卻在他周密的安排下，完全掌握在他手中。不但如此，他甚至在每個重要的職位上，同時聘用兩個人，而且要他們彼此打報告和批評，以獲得他所要求的標準。這種做法自然引起許多人的不滿，有些人因此掛冠求去，到別的報社工作。

這件事並沒有讓普立茲自我反省，反而可憐兮兮的到處跟人說：「我真是天下最寂寞的人了。大家都害怕跟我做朋友，都怕我將他們的事情登在報紙上。」

為了挽救視力，普立茲抱著一線希望，領著一大堆祕書前往英國求醫，結果美英兩地醫生的診斷相同。他又轉到法國也得到相同的診斷——他即將失明。

這位即將成為瞎子的人，變得非常敏感，連一根針掉落地上的聲音都不能容忍。他的四女康思坦絲出生時，他幾乎看不到她長什麼模樣了。

強將底下無弱兵

普立茲不但自我要求極高，對屬下也常常採取幾乎不合情理的高標準，報社因而頻頻換人，留得下來的人，自然都是禁得起考驗的箇中好手。比方，主編約翰・寇克瑞就搞出真人環遊世界八十天的系列報導。

1873 年，法國作家朱爾・凡*寫了一本《環遊世界八十天》。在這本書裡，作者讓一個叫做菲立・佛格的人，利用各種交通工具，比方船、單車、熱汽球……在八十天的時間內遊繞地球一周。

朱爾・凡出版的每一本書，大都成為暢銷書，他的讀者遍及歐美各地，連當時《紐約世界報》的主編約翰・寇克瑞都是他的讀者。有一天，寇克瑞召集報社記者開會，打算派一個男記者照朱爾・凡書中的路線旅遊，看看是不是真的可以在八十天之內，繞遊世界一周。

與會的記者當中有一個名叫依莉莎白・珍・科全的女記者，自告奮勇的爭取這份報導工作，但是引起眾男記者一陣譁然，紛紛表示反對。但是，依莉莎白不久前才偽裝瘋婦，混進一家精神病院，為《紐約世界報》完成「瘋人院中十天」的報導*，她認為自己可以勝任。

對寇克瑞而言，一個女人裝

放大鏡

*朱爾・凡從小就很愛看書，長大之後更深受當時法國的重要文學家如雨果、大仲馬等人的影響，加上想像力非常豐富，因此他所寫的小說情節簡直超乎當時人的想像。比方《從地球到月球》，他就描述利用火藥的力量將人送上月球。後來人類發明了太空船飛到月球，說不定就是受到這本書的啟發。

*她稱那個地方是個「人類補鼠器，進去容易出來卻比登天還難」。主編怕讀者識破這則報導是出自於一個女記者之手，因此便給她取了一個奈尼・布萊的筆名來蒙混，而不讓她使用本名。因為在那個時代，一個女人在外拋頭露面是相當傷風敗俗的。

瘋混進精神病院，報導精神病院對待病患的種種不人道行為，已經是他可以忍受的界限，何況這次還得隻身環遊世界，他說什麼也不肯答應依莉莎白的要求。

但是，堅持爭取這份工作的依莉莎白卻以洩露使用假名字的事來要脅。寇克瑞只好在請示普立茲之後應允了她。

依莉莎白於 1889 年 11 月 14 日出發，每天將沿途所見寫出報導，拍電報回報社，讀者們便每天搶購報紙看她現在身在何處，而且打賭她是否能夠於八十天之內完成任務。《紐約世界報》因此更是大賣，但，離百萬發行量卻仍有段距離。只是，依莉莎白倒成為家喻戶曉的人物。人們不但未因她是個女人而小看她，反而很佩服她。因為這樣的差事在當時恐怕連男人都無法擔當，何況是個弱女子。

更讓人驚訝的是，依莉莎白竟然只用了七十二天六小時十一分十四秒，就完成了任務。她抵達家門那天，受到了空前的熱烈歡迎。

可惜，這份榮耀並不能使她的記者生涯一帆風順。相反的是讓她遭到《紐約世界報》男同事的妒嫉和排擠，逼得她只好辭職。原先她期待《紐約世界報》因她的報導而大賣，她或許可因此獲得報社一筆賞金，事實上她卻一毛錢也沒拿到。這對一向肯以重金賞賜有功的屬下的普立茲而言，是極端少見的情況，實在是因為普立茲當時正處在嚴重的身心衰竭狀況，有些事他再也無法顧及，僅能將所剩精力放在指揮編輯部上面。

寇克瑞只付給依莉莎白週薪二十五美元，但依莉莎白為《紐約世界報》所賺的卻不只此數的千萬倍。從依莉莎白日後在在不顧一切的為員工爭取福利的舉動看來，這件事對她的衝擊一定不小。這就是當時一個女人想在男人所主宰的世界出人頭地所面對的困境。

連環漫畫的推手

普立茲買下《紐約世界報》之後，可說是盡了全力要將這份報紙辦好。

他首先進行整頓的是頭版的編排方式，因為他認為頭版處理得好的話，對讀者而言就好像是「眼睛吃糖」，一定有辦法吸引更多的人來購買報紙。

於是，他先將報頭上那兩個死氣沉沉的「紐約」兩個字，改成活潑的字體，套在一張世界地圖上面。然後，他將聳人聽聞的消息，從原先不起眼的位置，搬到頭版左上方。這樣處理標題，正好成功的引起人們的好奇心。大大的聳動字眼，撩得路過的人心癢癢的，只好乖乖的掏出錢、買份報紙帶回家看，好將整個故事的來龍去脈弄個一清二楚。

憑普立茲那種天生報人的直覺，加上貫徹到底的毅力，不獲致成功都難。

當時報攤老闆會雇請一些窮苦人家的孩子到街頭叫賣報紙，尤其是出了聳動新聞時，賣報生一邊奮力叫喊：「今日頭條：紐約大樂透一人獨中百萬……」想想當時的工人一天工資不過兩美元，一百萬是個多大的數字呀！誰還會在乎從口袋掏出兩分錢，買份報紙連帶買份希望呢！

於是，《紐約世界報》就在昨天「賭博引起兇殺」，今天「某名人有婚外情」，明天又是「貧民窟吸毒問題嚴重」……發展成紐約最大的報紙，刊登的廣告比新聞本身還要多一倍。

普立茲也從來不隱瞞他的發行量，因為他認為：「……發行量就是廣告，廣告就是錢……」*

普立茲的種種改革和策略在

在引起垢病，許多人以不符社會道德來攻擊他。他則以「報紙必須提供真相，捍衛大眾知的權利」來自我辯護。

至今有人稱他為「八卦新聞」鼻祖，大概就是這個原因。但是我們不能忽略他對報紙改革的種種建樹。比方，以彩色漫畫方式做報導便是他首創的。

當時，他聘請了李查斯・菲爾頓・奧寇德為《世界週日報》繪製漫畫，將一個生活在貧民窟的小孩的所見所聞，用漫畫來呈現。

奧寇德筆下這位穿黃色睡衣的孩子，便是後來出了大名，並且成為連環漫畫作品鼻祖的「霍

放大鏡

＊1880 年左右，城市裡的報紙收入來源有 65% 是賣報紙所得，35% 靠廣告。到了 1990 年左右，兩種收入大致各占一半。如今則正好跟 1880 年的情況相反。廣告收入占 75%，賣報收入才占 25%。所以有許多找不到廣告贊助商的報紙，無法支撐而宣布倒閉。

根巷弄的黃色小子」＊。結果一年僅出刊五十二次的《紐約週日報》的發行量，突破了四十五萬份，收益與一年出刊三百三十三次的日報，幾乎不相上下，兩報加起來則已遠遠超過普立茲百萬發行量的夢想，且奠定了《紐約世界報》於業界幾乎不可動搖的地位。

「黃色小子」小兵立大功，不但圓了普立茲的第二個夢想，而且讓奧寇德成為炙手可熱的連環漫畫的鼻祖。普立茲和奧寇德將「黃色小子」視為「《紐約世界報》之寶」自不在話下。

放大鏡

＊1902 年，奧寇德將「黃色小子」結集出書，這便是世上出現的第一本漫畫書——《霍根巷弄的黃色小子》。這種漫畫藝術不但與報紙緊密結合，同時也成為美國 20 世紀最受歡迎的通俗藝術之一。

10 黃色新聞

《紐約世界報》在普立茲的強力運作下，不但讓許多紐約的報社倒閉，最後連自己弟弟所經營的《晨旅報》也受到波及。經不起一再虧損，《晨旅報》於 1893 年，以一百萬美元轉手讓給《辛辛那提詢問報》，並改名《新聞晨旅報》。

可是《辛辛那提詢問報》的老闆搞了一年多，《新聞晨旅報》依舊虧損累累，於是，隔年《新聞晨旅報》以十八萬美元轉手給了赫斯特。

赫斯特出生於舊金山一個殷商家庭，爸爸喬治是愛爾蘭移民，靠採礦發了大財。

當時的美國正處在一片往西部淘金的熱潮中，靠淘金發財的大有人在，問題只是在淘金熱過後，能不能成功的轉型。

赫斯特的爸爸是個受過教育的愛爾蘭人，對未來早有了清楚的規劃，也清楚政商的結合能夠使他更加成功。所以，除了將錢投資在商業以外，也花錢在眾議院買了一個席位，並且為了鞏固自己的政治地位，又花錢買下一份地方小報來宣導對自己有利的主張。就是因為這樣，所以赫斯特便有點紈袴子弟的味道。當他以十八萬美金將《新聞晨旅報》買下來之後，就是依靠家中殷實的財力而放手一搏的將報紙的價格降了一半，以廉價的一分錢來招徠顧客，為的就是要將普立茲打倒。

赫斯特對辦報並不生疏，除了念大學時曾經在《紐約世界報》當了一年的實習記者之外，也曾經接手父親用來做政治宣傳，不在乎盈虧的《舊金山審查報》，並且將它辦得有聲有色，而在短短的一年內使該報的發行量增加了一倍。然而，赫斯特的野心並不僅僅在此。他很早就私下將普立茲當成對手，此時，更要藉著亞伯特創立的報紙，跟普立茲一爭天下。

所以降價之後，改名為《紐約日報》的《新聞晨旅報》很快就賣出了十五萬份。

普立茲自然立刻就感受到了這位年輕後進的雄雄野心，只是他並沒有打算跟著將報紙的價格降低。然而，前途卻充滿他預料不到的危機。

由於赫斯特家族的另一份報紙《舊金山審查報》，租用了《紐約世界報》大樓的一部分作為東岸的辦事處，因此赫斯特跟《紐約世界報》的員工都很熟，加上普立茲並不親自到辦公室來指揮作業，而是從世界各地以電報往來遙控，這給了赫斯特一個機會來遊說《紐約世界報》頂尖的好手轉來為他的報紙效勞。

赫斯特一不做二不休的以高薪策動了《紐約世界報》的員工集體跳槽。在未知會普立茲的情況下，《紐約世界報》的員工全部轉而投效赫斯特。特別是普立茲最為倚重的主編，和《紐約世界報》之寶的漫畫家奧寇德也包含在內，更讓普立茲氣憤萬分。於是，普立茲便以赫斯特那一套方法，出更高的薪水將全體員工從赫斯特那裡搞回來。

赫斯特玩得興起，而且有殷實的家財可倚賴，便又出更高的薪水將那些人弄回去。結果那批人便在同一棟大樓，玩著大搬家的遊戲，首開報業史上挖角的歪風。

普立茲後來明白了赫斯特根本不懷好意，只好另起爐灶從

《太陽報》挖來布勒斯本當主編，迅速的將癱瘓的《紐約世界報》再度動員起來。

可是，怎麼也沒想到布勒斯本隨即又被赫斯特挖走。

普立茲遭受到這一連串的打擊，憂鬱症嚴重發作。然而，一手辛苦經營的報紙，又不能說丟就丟，普立茲只好在健康非常糟糕的情況下勉強應付。

他儘量將報紙成本降低，減少張數，取消金融專欄……；雇請另外一位漫畫家喬治．路克斯繼續為《紐約世界報》繪製「霍根巷弄」，造成了黃色小子同時在兩個報紙出現，卻說著不同故事的狀況。

兩報如此的惡性競爭，讀者實在無所適從，只好看誰家報紙上的新聞比較聳動來決定買誰家的報紙。因此，《紐約世界報》與《紐約日報》無所不用其極，到處挖掘充滿暴力與色情的消息來刊登。因為，這一切都是黃色小子惹出來的爭端，所以人們便將這件事稱為「黃色新聞」*。

放大鏡

*廣義來說「黃色新聞」指的就是報紙在惡性競爭下以八卦、暴力、色情……來吸引讀者的新聞。而始作俑者便是普立茲與赫斯特兩人。

11 媒體左右外交

美國於 1776 年建國，於 1823 年由第五任總統詹姆士．門羅宣布了門羅主義*。其作用是用來嚇阻像西班牙、英、法等舊殖民勢力，再度伸到中南美洲。沒想到門羅主義竟演變成美國外交政策的奠腳石，也是美國日後將西半球，進而將全球納入其支配範圍的基本外交政策。

當門羅主義被宣告出來時，美國建國僅約五十年，一切典章制度和社會規範尚未完備，應該將全力放在內政的處理上。意思就是當時美國的實力，除了自保之外，尚未達到往外擴張的地步。可是，對於歐洲列強在美國鄰近的拉丁美洲所進行的勢力布署，美國不得不做防範措施。

只是，當時美國尚非世界強

國，歐洲列強並未將此宣言當一回事，事實上，西班牙也沒有認真考慮要將拉丁美洲再度殖民化。所以，門羅主義在當時並未發揮多大的效益。

然而，隨著美國實力的逐漸壯大，美國政府對門羅主義的詮釋範圍也逐漸擴大＊。

1895 年，由於英國一直都未將英屬圭亞那和委內瑞拉的邊界問題與美國談清楚。此時，再度

放大鏡

＊**門羅主義**　當時英國也極欲與脫離殖民主的新興獨立國家進行貿易，但是需要對蠢蠢欲動的西班牙新殖民主義有所防備。於是，英國的外務大臣喬治・坎寧便建議門羅總統一起發表聯合聲明，禁止各國再度把拉丁美洲殖民化，因此才會有門羅主義的宣告。

門羅主義主要提出了四項聲明：

1. 美國不干涉歐洲列強的內部事務或它們之間的紛爭。
2. 美國承認而且不干涉西半球現存的殖民地和它們的保護國。
3. 但是歐洲列強不得繼續在西半球開拓殖民地。
4. 任何國家在這方面的企圖將被視為對美國的敵對行為。

＊到了 1904 年提奧多・羅斯福總統主政時期，門羅主義已然擴充為「一旦任何拉丁美洲國家經常為非作歹，美國有干涉其內部的權力」，並成為歷任美國總統所認定的拉丁美洲政策。

當選總統的克利夫蘭便威脅英國，再不尋求和平解決便要訴諸武力。

普立茲聽到這個消息，丟下剛出生的么兒赫伯特和家人，全力處理這條新聞。

克利夫蘭第一次當選總統，可說是普立茲以兩家報紙為他拼出來的結果。但是，此時普立茲因不能苟同他的動武主張，便在《紐約世界報》發表一連串的反對意見：

> 此事件不適宜引用門羅主義……
>
> 干涉南美洲事務將為兩個偉大、自由和高度文明的國家帶來戰爭……
>
> 美國不應該插手，那不是我們的前線，也不是我們的事

情……

或許是根源於歐洲、立足美國的原因，普立茲不願意看到歐美之間發生戰事。為了護持這個主張，他甚至發出幾百封的電報給英國各個政治領域的領袖，要求他們聯合發表一項和平宣言，並且發揮了他煽動的長才，將英國政要們的回覆，連同威爾斯王子與約克郡公爵的照片和聯合聲明一起登載在《紐約世界報》聖誕節特刊的頭版上。

大大的標題僅寫著：和平與善意。內文主要是說：「我們誠摯相信現階段的危機，終要在兩國的善意下，獲致令雙方滿意的安排……」

美國民眾自然很高興在聖誕節期間，收到這份充滿善意的禮物。因此，普立茲的這個舉動，雖然沒能受到美國政界的歡迎，民意倒是站在他那邊的。然而，政客們卻主張依通敵罪將他提起公訴*。

於是，克利夫蘭總統在國會發表演說，表示普立茲將因此獲罪。

當時擔任紐約市立警察局長的提奧多．羅斯福，信誓旦旦定要將普立茲繩之以法。此案交由費城法院審理，後來判了普立茲三年的有期徒刑和五千美元的罰金。

普立茲乾脆將此事直接昭告天下說，他很高興承認這項指控，也希望法院儘速將他繩之以法。

結果，處罰他的聲浪反而平息了下來。而英國也維持承諾與

放大鏡

＊那時的國務卿說，根據 1799 年所制定的法律：「任何美國公民不得與對美國有敵意的國家私自通信」來指控普立茲觸犯法令。

美國和平商討對策，最後，在英國同意受到門羅主義的約束下，結束了一場極可能引發的戰爭。

12 報紙發動的戰爭

在英美衝突解除之後，普立茲搭船到倫敦渡假，住在倫敦的高級住宅區肯辛頓區，也就是黛安娜王妃生前所住的肯辛頓宮的所在地。雖然面對肯辛頓公園的住所，已事先做了隔音設備，但是，孔雀從公園傳進屋裡的微弱叫聲，還是讓普立茲非常苦惱。每次一聽到有人談到公園裡的公孔雀屢屢開屏來吸引母孔雀的注意時，普立茲便陷入歇斯底里的言行。他完全失明之後，更是偏執到認為無人可給他什麼善意的建言，普立茲的祕書和家人無時無刻不是看他的臉色小心應付，否則為一點小動作或不小心用錯一個字，一定會惹來普立茲一頓責罵。

肯辛頓公園的孔雀讓他受不

了，大家只好遷到另外一處安靜的處所。可是，普立茲仍舊疑神疑鬼，總是害怕他與報社編輯們往來的電報會被半途攔截，而將他給主編的機密指示竊走。他尤其害怕強勁的對手赫斯特給他搞鬼，於是，他便與親信編了一本有兩千個別名的「密碼簿」，作為通訊範本。在這本「密碼簿」裡，他稱民主黨為「辦事不牢」，稱州長為「泛泛之輩」，叫總統為「掘墳者」，叫廣告主為「碳酸鉀鴿子」……

然而，自從與赫斯特不計成本的大競爭之後，普立茲即使將報紙售價由兩分錢降為一分錢以吸引讀者購買，還是無法提高發行量，所以只好將廣告費用提高，但是把廣告費用提高卻受到業主反彈，紛紛轉到別家報紙做廣告。《紐約世界報》的發行量一落千丈。為拯救逐漸走下坡的發行量，普立茲一面嚴格控制開銷，一面期待再造峰頂的時機。

可是，普立茲的健康一日比一日差，一身難兼二職，要再造高峰只能專注一報，於是，有幾度想把《聖路易快訊報》賣掉，但是，一想到那是他賴以立足新大陸的產業便又作罷。他開始思索萬一他有個三長兩短，誰是最佳的接班人。

他想到他的經理、主編和幾位親信的記者。

可是，能管錢的不能編報，會編報的不懂得管錢；採訪高手往往沒有理財觀念。最後他想到了自己的兒子瑞夫和小約瑟夫。但是，兩個兒子似乎都沒有投身報業的熱情。瑞夫雖然即將從哈佛大學畢業，可是父子的觀念有相當大的距離。二兒子小約瑟夫則非常不用功，成績壞到快被學校踢出去。

普立茲思前想後，卻無法選出最佳人選，他決定暫時不去管以後的事，因為，他必須抓緊眼前美國與西班牙的緊張情勢，好好的為他的報紙再創顛峰。何況，他的強硬對頭赫斯特早就採取了行動。普立茲一點都不想讓赫斯特拔得頭籌。

1898 年 2 月 15 日，美國海軍的緬因號在哈瓦納港突然爆炸解體，船上二百六十名官兵全數罹難。赫斯特見機不可失，不等調查結果出來，便在他的《紐約日報》刊載說緬因號是被西班牙的海軍炸沉的，並一再在報紙以「殘酷的西班牙人」、「不人道的西班牙」……來撩撥，讓美國人對占領古巴的西班牙人生出反感。

普立茲害怕落在赫斯特之後，隨後並以更聳動的標題來報導此事，甚至派記者到古巴做第

1,011,068 The World
DEWEY SMASHES SPAIN'S FLEET
Great Naval Battle Between Asiatic Squadron and Spanish Warships Off Manila
THREE OF THE BEST SPANISH VESSELS WIPED OUT, OTHERS SUNK
ADMIRAL MONTOJO ADMITS HIS UTTER
THE THREE SPANISH

一手的採訪報導。

那時，赫斯特已派了文字記者哈登陪同插畫家費得瑞克・瑞敏頓到了古巴，想直接從那裡挖到獨家新聞，配著插畫登在《紐約日報》上。但是，瑞敏頓抵達古巴的第二天，便拍電報給赫斯特說：「這裡一切都很安靜，沒有新聞可發，我正打算返回……」

赫斯特卻執意蠻幹到底，他想都沒想便回了封電報給瑞敏頓：「請留下來。我來成全這場戰爭，你來完成插畫。」

於是，哈登只好天天泡在酒吧打探小道消息，據此以煽動的文字寫成報導傳回美國，再搭配瑞敏頓逼真的插圖，刊登在《紐約日報》上。

有天《紐約日報》刊登說：古巴某小姐被迫裸體，遭西班牙軍人強行搜身的新聞。結果，這則新聞引起民眾莫大的興起，一大早便等在報攤搶買報紙，想看看接下去會發生什麼事。然而，這些消息都是些空穴來風。有人親自去問某小姐才知道根本就沒那回事。但是，聳人聽聞的消息既然能讓報紙的發行量爆增，又有誰會反對繼續以造假的消息，牽著讀者的鼻子走呢？

於是，赫斯特的《紐約日報》與普立茲的《紐約世界報》天天比血腥，比聳動，逼得其他報紙只好跟進，不但將美國攪得群情激憤，連海軍將領們也按捺不住的喊打。

其實以現代的科技來勘驗，便可證實大多數專家認為緬因號是因燃料失控而爆炸，而非被炮火炸沉的說法。只是，隨著國力的增強，美國對外擴張的野心也更大，而其首要目標便是與佛羅里達州僅一海之隔的古巴。只是古巴長久受到西班牙的控制，美國的主戰派正好抓緊這個機會，向代表舊殖民勢力的西班牙挑釁。

當時的總統麥金萊原先並不主張開打，但是經過報紙這麼一撩撥，群情譁然，海軍躁動，即使國會的調查報告尚未出爐，也只好勉強同意海軍出兵打仗。

4 月 19 日，美國國會通過一項「自由與獨立」的聯合宣告，要求西班牙立即將勢力從古巴撤離，並同意美國總統行使軍隊的權力來達到這個目的。

4 月 25 日，美國的國會向民眾宣布說，美國與西班牙之間的戰爭已經在 4 月 21 日發生了。

5 月 7 日，《世界日報》的記者哈登傳來報導：「整個西班牙艦隊的十一艘船全部被毀。三百個西班牙人被殺，四百人受傷。我們則僅六人受傷，無人死亡……」

確實，美西這場戰爭在舊勢力不敵新勢力的情況下，很快就收場了。

12月，兩國簽署和平公報，美國付給西班牙兩千萬美元，而美國則接收西班牙原先的屬地：古巴、波多黎各、菲律賓、關島以及幾個太平洋的島嶼。

經過這場戰爭，美國取代了舊霸權的西班牙，而成為世界新霸主。美國從此所向無敵的將勢力伸到世界的各個角落。

以獨立為奮鬥目標的古巴反抗軍，原本敞開大門歡迎美軍進來解放他們，結果只是一場夢。走了西班牙，來了美國。古巴一步也沒有跨向美國國會那個要解救他們的「自由與獨立」的目標。古巴人依舊在別人的掌握下過活，而反抗軍則潛回地下繼續抗爭。

結算《紐約日報》與《紐約

世界報》從這場戰爭的收益是各增添了五十萬份的發行量。只是，爬得快摔得重。

經過兩報持續搧風點火的報導之後，民眾倒足了胃口。《紐約日報》的發行量驟然下跌，加上後來麥金萊總統在水牛城遭到一位激進的無政府主義*者刺殺身亡，警方從暗殺者的口袋搜出一份《紐約日報》，上面登著一篇對總統惡性攻擊的文章，民眾於是將總統被暗殺歸咎於赫斯特，同業藉機群起攻擊，終究讓《紐約日報》吃足了被民眾棄絕的苦頭。除此強敵，普立茲心頭為之一快。

放大鏡

＊**無政府主義**　就是反對任何形式的權力及其進行的強制執行，但認同社會與個人自願合作的政治思想。無政府主義者認為國家無論民主與否都是用來支援一個統治階級的手段，是自然社會關係的妨礙。

13 巴拿馬運河

16世紀初，航運發達的歐洲各國，想從大西洋航行到太平洋海域，不是往北由北極海穿過阿拉斯加，便是一路南下繞過阿根廷，才能進入太平洋。

1513年，西班牙的探險家巴爾堡來到巴拿馬，由東往西穿過依斯木斯一帶的叢林到達加勒比海時，一心只想著西班牙該如何占據這塊土地。因為，巴拿馬不但位處南北美洲，而且地型狹窄，東西僅寬約八十公里，只要從中鑿開一條通道，東西兩岸的大西洋和太平洋，便有了一條便捷的通道。不需再遠遠的繞過北極海或南美洲*。

放大鏡

*家裡如有地球儀或世界地圖，請找出來看看，便會明白有了巴拿馬運河之後，從大西洋到太平洋有多便捷。

可惜，巴爾堡不久即因失去政治蔽護而失勢，隨即被送上斷頭臺。因此，他的這個夢想始終沒能實現。

三個世紀後，法國的工程師雷塞布懷著成功開鑿蘇伊士運河*的信心移師巴拿馬，預計開鑿一條溝通大西洋與太平洋的運河。然而，他怎麼也沒料到，他的這項計畫，竟然會因中南美洲雨林的蚊子，而宣告失敗。

根據留傳下來的報導說，當時從歐洲送去開鑿運河的工人，最怕的是叮滿全身的蚊子，怎麼打都打不完，每個人都被叮得全身紅腫，隨即病倒，不是生著黃熱病，便是瘧疾。當時這兩種病尚無藥可醫，因此，死了不下兩萬個工人。雷塞布於是被迫放棄

放大鏡

＊蘇伊士運河 (Suez canal) 位於埃及東北方，溝通地中海和紅海。

開鑿巴拿馬運河。

後來雖有其他的法國人接手，只是，自美國從西班牙手中接收對古巴的控制之後，美國似乎急著要將勢力範圍擴大，所以極想將雷塞布放棄的巴拿馬運河的工程接收過來，好開鑿出一條溝通大西洋與太平洋的便捷水道，來擴張對兩大海洋的勢力與控制權。

這事到提奧多・羅斯福當了總統之後，成為美國刻不容緩的第一外交要務。

羅斯福在在宣示在他當總統期間，一定要將開鑿巴拿馬運河的計畫付諸行動。此時，一位叫做馬克・漢南的國會議員，便為此成立了一個國會遊說團，居中為法國與美國牽線。最後美國國會達成付給法國四千萬美元來接手開鑿的決議。同時，羅斯福總統也動用外交關係，與哥倫比亞政府講好讓美國入境開鑿，因為當時巴拿馬尚未從哥倫比亞獨立出來。

只是，此協議並未被哥倫比亞的部分議員所接受，以致國會沒有通過這項決議。

羅斯福急著要為美國擴展勢力版圖，很快就決定派海軍去攻打哥倫比亞，另一面則暗中與尋求巴拿馬獨立的反叛軍聯繫，讓他們與美國裡應外合來推翻哥倫比亞政權。

1903 年美國派軍艦納許維亞號到巴拿馬，並且很快就將哥倫比亞的勢力趕出巴拿馬。巴拿馬的反叛軍成立新政府，高高興興的接受美國以一千萬美金交換開鑿巴拿馬運河的權力，而美國則承認巴拿馬的獨立。

只是，開鑿巴拿馬運河尚有一個阻力，那就是代表歐洲舊殖民勢力的英國，不願就此將權力交給新興殖民的美國，因此美國為確保英國不會成為美國開鑿巴拿馬運河的阻力，美國與英國達成無論戰時或平時必須維持運河中立，讓各國船隻通過的協議之後，美國終於放心的於開鑿巴拿馬運河的工程上動用全力。

美國預計從科龍挖開一條通到巴拿馬市的水道。這條水道雖然僅長八十二公里，寬約十六公里，卻因位處熱帶雨林，所經之處盡是沼澤、流沙、密林……，工程困難重重之外，工人也時常病倒或死亡。後來在更換了四個工程師，加上動用了當地的印地安人來開鑿，以及醫藥的進步，歷經十年的努力，巴拿馬運河終於在 1914 年宣告完工啟用。

在羅斯福爭取開鑿巴拿馬運河的過程中，普立茲全程緊迫盯人的挖掘背後所進行的種種不法情事，並時時利用《紐約世界報》來攻擊羅斯福的外交政策。

自從普立茲與赫斯特動用報紙的力量發動美國與西班牙的戰爭之後，普立茲似乎不願再做出類似的事情來，另外，他也希望能夠保持報紙不為政黨服務的承諾。所以，在羅斯福付給法國四千萬美元之後，普立茲一方面在《紐約世界報》指責羅斯福舞弊，一方面則在國會發動一項調查案和控告案。

羅斯福便以毀謗總統的罪名，說服聯邦檢察官，將普立茲起訴，以作為反擊。

只是，身經百戰的普立茲毫不畏懼，隨即在報紙登出頭條：「羅斯福先生錯了！他無法愚弄世界！」來回應，還說羅斯福「為成功所迷醉，為權力所迷醉，為聲望所迷醉」，進一步攻擊羅斯福的外交政策。

於是，雙方你來我往，戰得

不可開交。

羅斯福利用國會辯稱，開鑿巴拿馬運河是他任內最重要的外交任務，將不為任何人所阻擾。

普立茲則照樣遊走世界各地，健康敗壞得遍尋各國名醫也毫無起色，可是，與羅斯福打官司卻打得起勁。

最後法院做出判決，駁回了普立茲對羅斯福的控告案，但對羅斯福要求立法以限制報紙的報導權也一併駁回。

普立茲聽到這個判決之後，馬上登報宣告這是報業的大勝利，而他的報紙將一秉不畏權貴的原則，繼續為百姓服務。

好多年來，普立茲雖不再直接參與總統的選舉事務，但是對歷任總統選舉，他總是無論黨派的以他的報紙來支持他理想中的總統人選。

14 首位至白宮用餐的黑人

普立茲抵達美國加入林肯騎兵隊的第二年，南北戰爭即宣告結束。普立茲實際上並沒真正參加過這一場南北方因政治與經濟的歧見所引發的戰爭。

事實上，從 1861 年到 1865 年，前後歷經五年的南北戰爭之所以發生的原因，至今還沒有歷史學家能夠用三言兩語就解釋得清楚。不過，如果我們從美國當時的狀況進行一點研究，便可以大致有所了解。

從美國革命成功，立下建國憲法之後，南北方始終在政體組織上存有歧見。加上南北方所賴以維生的方式大為不同，因此有了經濟利益上的衝突。

那時候，因為北方早受到工業革命的影響，而逐漸走上企業經營的經濟型態，而南方則仍舊大多依賴農業，那些白種人所擁有的大莊園裡，那些廣大的棉花田，都需要依靠大量的人工來耕作和採收。於是，從非洲買來黑奴，便成為最符合經濟利益的措施。

等到南北雙方再無法以和談的方式來解除歧見，而必須開打時，解放黑奴便成為北方用來與南方開戰的正義說詞。

無論如何，林肯領軍的北方後來將蓄養黑奴的南方打敗，幾百萬的黑奴被解放了。但是，這些重獲自由的無主黑奴的生活，一如戰後被林肯騎兵隊解散的普立茲一樣，前途茫茫。

不一樣的是，普立茲是念過書的人，知識提供他立足新大陸的條件。然而，被解放後的黑奴反而成為居無定所、三餐不繼的遊民。在這樣的環境下，如果有人能夠自我摸索出一條路，豈不就該成為黑奴中的典範。

當時，就有一個出生於維吉尼亞某莊園，父親不詳的黑奴布克・華盛頓*，他努力奮鬥所造成的成就，最令人刮目相看了。

布克出生於 1856 年，林肯解放黑奴時他才十歲，但是，早在四五歲時，他就必須自己想辦法養活自己。

按照當時的規定，黑奴是被禁止接受教育的。因此，不再是黑奴身分的布克雖然已經十歲，卻一個字也不認識。還好，他極端聰明也很有觀察力，知道想改善生活必須先具備知識，就像他原先的主子一樣。

但是，他之所以追求知識並

放大鏡

*當時有許多生出就父不詳的黑奴之子，只好以美國國父華盛頓的姓為姓，或因景仰之情，而以懷特為姓。懷特(White)，就是白色之意。

不是為了像那些人一樣用來堆砌自己的財產，而是為了他心中那一股為黑人同胞謀求福利、改善生活的熊熊熱情。

於是，他在工餘之暇想盡辦法學習。十六歲時，他進入師專學校就讀，畢業之後，輾轉到幾所學校教書，再回到師專教書，後來在阿拉巴馬州創立了自己的學校。

1901 年，他寫了一本書《由奴隸中勝出》，沒想到書一出版就成為暢銷書，而引起羅斯福總統的注意，並且邀他到白宮會面。兩人相談甚歡之下，羅斯福總統乾脆要他留下來吃晚餐，結果引起軒然大波。

當時美國南方有些大城市，不顧法令的禁止，仍舊於公車上或公園、劇院門口掛著公然侮辱黑人的牌子，比方「黑人與狗不得進入」的告示，而且最恐怖的是三K黨*橫行，時常將整村的黑人殺死或吊死。但是，羅斯福總統卻甘冒不韙，邀請一個黑人到白宮，並與他一起進餐。這件事自然以南方的反應最為激烈，而北方則五味雜陳，於是報紙便天天登出各種的反對意見，對羅斯福總統猛烈開火。

雖然普立茲有許多看法與羅斯福總統相當分歧，但普立茲卻在此事對羅斯福總統表示支持。因為，布克的勇氣和奮鬥，讓他想到自己的奮鬥之路，何況，他一向認為知識是改善生活、創造財富的根源，布克的成就不正好說明他的看法是正確的嘛！

放大鏡

＊三K黨 (Ku Klux Klan) 是美國南北戰爭之後，為反對給予黑人自由而從事恐怖行動的組織。黨員通常戴頭套、穿長袍，於晚間出沒南方村落，進行事先設計好的恐怖殺戮行動。三K黨的存在因世局變化起起落落，到了60年代，黑人民權運動領袖馬丁・路德・金恩帶領黑人爭取自由與民權時，三K黨再度活躍了一陣子。

ROOSEVELT

於是，他便利用他的報紙將對羅斯福總統的批評，一一加以反駁，終於使羅斯福總統脫困。

礙於批評，羅斯福總統再也不曾邀請過任何黑人到白宮共進晚餐，但是，此事所引起的影響卻是相當巨大的。

加上普立茲公然以種族包容向知識分子挑釁的結果，帶給白種人一個良知反省的契機。

布克後來受到更多白種人的肯定和協助，比方，鋼鐵大王卡內基和靠石油發跡的企業家洛克斐勒，便是布克學院的定期捐款者。

15 與家人漸行漸遠

1886年三女兒依狄思出生，1888年四女兒康思坦絲出生，兩次普立茲都匆匆的回家看望凱特與新生女兒後，隨即離去。從1890年起，凱特每年只見到丈夫幾個星期。普立茲說他受不了與家人相處時，家人向他索求關心，讓他耗費過多的時間和精神，所以便在費城買了一棟處處裝置著隔音設備的房子，領著私人醫生和一群祕書住在那裡。

但是，他固定寫信給凱特，要求她督導孩子們多多寫信給他，以便向他報告學校的近況，甚至要他們將想看的書目列出，先呈到他那裡讓他批准。如果孩子們信寫得不夠勤快或者太簡短，他便抱怨凱特不夠盡責，並說家人都不感激他為他們的付出。

有一次他竟然在信上寫出他再也不愛孩子們的文句，因為他們都不乖乖的依照他的要求給他寫信。

凱特雖然寂寞，但是，她受不了與丈夫相處的沉悶氣氛。為了排遣寂寞，她帶著孩子們出席紐約各式各樣的社交場合，並且為了趕時尚，也時常上街「血拼」，為孩子添購名牌鞋襪衣物，為自己挑選昂貴的珠寶首飾，按季舉辦時尚派對等等。普立茲按月給的八千美元，往往不夠凱特開銷，可是她仍舊照買不誤，然後要人將帳單寄給丈夫處理，這些帳單通常是八千美元的三、四倍之多。

普立茲見凱特花起錢來如此無節制，便一再寫信告誡她要儉省些，並且提醒凱特說想想他剛到美國時，常常在麥迪遜廣場的椅子上過夜，到警察俱樂部吃剩菜，下雨的夜晚則睡在人家的車子下面等等的情形。

但是，出身富裕家庭的凱特全然不能體會，也不把他的告誡當一回事，甚至回信給他說：「你應該想到自己真的很幸運，能夠擁有一位非常節儉的老婆，事實上，我還覺得你應該因為我的小氣節省，感覺羞愧才是……」

收到這樣的信，可把普立茲氣炸了，立刻給凱特寫了一封措辭嚴厲的信，他說他這輩子都在為社會低層的人奮鬥，實在不容許凱特繼續這樣花錢和參加那些上流社會的社交活動，否則，那些人將如何看待他……不過後來他放軟了口氣說：「至少，妳該有個隻字片語，表示感激吧……」

可是，普立茲自己所花的錢，卻比凱特不曉得多出多少倍。

為了到處旅行，他分別在紐約、費城、紐澤西、倫敦等地，都買了足供三、四十人住的大房子，而且還有一艘私人用的船。這些地方都因為他對聲音的敏感，而特別加裝了隔音設備，比方特製的厚地毯，以便吸掉人走路的聲音；套綿層的壁紙來隔絕外頭的聲音……除了私人醫生，五六個祕書外，尚有一堆隨時聽候差遣的佣人、司機、園丁、馬夫……

普立茲以二十多年的時光，為自己創造了八百萬美元的財產，報紙年收入五十萬美元，另有其他數不盡的投資收益。當年來到美國時身無分文，差一點流落街頭的窮小子，似乎將過去那一段艱苦的日子，完全拋諸腦後，而與三個夢想之中尚未達到的夢想——為百姓創造更美好生活——越離越遠。

當時，一個工人階級每週所賺不過二十元左右，而普立茲一家每個月卻可以花掉幾萬元。

只是，如此豪華的生活並未為普立茲一家帶來快樂，甚至健康也時常出問題。他自己除外，小孩們輪流生著病，但是生病時都不敢告訴普立茲，以免普立茲的情緒受到刺激，而陷入更深的憂慮。

普立茲幾乎沒有時間陪孩子，孩子們便以為爸爸不愛他們，也不關心他們。但是，凱特安慰他們說爸爸會這樣是因為神經系統非常脆弱所致，而不是不愛他們。可是，孩子們個個都怕爸爸，感覺跟爸爸有很大的距離。

普立茲與孩子們的關係如此疏遠，獨獨對 1895 年出生的么兒赫伯特不一樣。凱特生下赫伯特時，普立茲的雙眼幾乎已經完全

看不到，但是，他將赫伯特緊抱懷中，就著燈光細細端詳，好似他的視力仍然正常一般，其實他不過是用心體會一個新生命在他懷裡的感覺。或許，有感於赫伯特的出生，宛若自己生命的承續，因此，赫伯特最得他的寵愛。在赫伯特七八歲以後，普立茲便時常將他帶在身邊一起旅行。

健康狀況都很差的一家子，似乎只能靠凱特一人獨立打理，凱特確實感覺倍加艱辛，但是，丈夫若待在家裡則會把情況搞得更糟糕，因為他不但不能與她分擔照顧孩子的責任，反而跟孩子們爭風吃醋，而且什麼事都看不慣，一切都必須依照他的要求來進行。因此，凱特寧願過著沒有丈夫的日子，而對於丈夫的電報和書信遙控，全不當一回事。然而，當大女兒路西兒得了傷寒，病情惡化到連醫生也不抱希望時，凱特終於忍不住寫信給丈夫，要求他回家陪孩子幾天。

普立茲回來了，但是他卻沒有上樓去探望路西兒，只是整天藉著電話遙控報社的編輯，照他的意思寫稿和編排。家裡人來人往，不是奉了普立茲之命前來請示和商談的人，就是來為他打氣的親信好友。

躺在床上的路西兒知道爸爸特別回來陪她，但是，她不懂爸爸為何不上樓去看她。於是，她給爸爸寫了一張紙條，請求他去看她。

普立茲仍舊猶豫不決，凱特只好冷冷的跟他說：「說不定那是那個孩子最後的請求，你能視而不見嗎？」

普立茲無奈，只好勉強上樓去看路西兒。但是一走進女兒房間，他幾乎說不出任何安慰的話

語，因為女兒的房間裡滿是別人送的鮮花和禮物。普立茲指著禮物上的卡片，一一詢問路西兒那些都是誰送的，心裡嫉妒得不得了。怎麼這些人都比自己和女兒相熟相近？

他坐立不安，很快就下樓去，喚來祕書，交代他將全紐約最漂亮的花訂下來送到女兒房間。

一小時不到，路西兒收到爸爸送給她的花。但是，她不知道那把花的價格是兩千美元。但是，在12月31日，大家興奮的等待新的一年到來時，路西兒離開了人間。

喪禮之後，普立茲的健康出現前所未見的衰弱，醫生指示他放棄工作好好休息。但是他說，讓他出門旅遊、泡溫泉、按摩、喝草藥等等都可遵行，唯獨將報社交給別人管理他無法照辦。

如今他對聲音更是敏感，一點多餘的聲音，都會將他的情緒攪亂。於是，他所到之處，船舶、旅館、餐廳……無不是祕書們先去勘查，並讓人先做好隔音設備。

身邊圍著一、二十位幕僚，但是普立茲倍感孤獨，因此寫信給凱特說他非常愛她，並抱怨她寫信給他的次數越來越少，信也越寫越短。最後，他告訴凱特和孩子們，不要在午後拍電報給他，因為那會讓他激動得晚上睡不好覺。

凱特收到信之後，只簡單回他一封信表示，孩子們各有天性也逐漸長大了，需要一點自己的空間，很難一一遵照他的指示來做。

普立茲無法從凱特與孩子們那裡獲得溫情與安慰，他的情緒變得更不穩定，因此祕書一換再換，老要託親戚朋友物色新的祕書。但是，他開出來的條件實在少有人能夠符合，符合資格的人也因普立茲敏感的情緒而卻步。他只好開出更高的薪水。夠資格的人看在錢的分上，多少願意在他面前忍氣吞聲，但是都無法持久。擔任普立茲的祕書畢竟是一份壓力非常大的差事。依照普立茲的說法，選祕書如選配偶，一定要先有精確的要求和觀察＊，否則主雇關係定然不能持久。

＊普立茲選擇祕書的條件大約是這樣的：

1. 吃飯時幾乎不出聲音。
2. 呼吸時幾乎沒有聲音。
3. 完美的態度：用餐吃飯談話時……。
4. 一點都不神經質。
5. 健談。
6. 豐富的常識。
7. 有自己的專業……。

他曾經因為報社的一位編輯吃土司時發出聲音，而給他寫一封警告信說，下次跟他一起吃飯時，他不想讓類似的事再發生……

16 孤寂的高塔

1890年，過完新年之後，普立茲與祕書們前去紐澤西的住所。9日晚間，紐約下了一場大雪，但是，位於五十五街的一座豪宅，卻突然起火燃燒，而且一發不可收拾，該豪宅瞬間化做廢墟。

女主人抱著幼子，與兩個女兒穿著睡衣、打著赤腳衝出屋子，一家四口冷得縮成一團，看著火神將他們的家吞沒。一屋子的豪華傢俱，名家玩偶，昂貴的首飾和衣物全然付之一炬，更慘的是有兩個傭人被燒死。這豪宅的女主人就是凱特。

普立茲接獲噩耗時，並未趕回家中，只從紐澤西拍出三封電報，其中兩封為慰問死亡傭人的家屬，一封則要求他的一位好友儘速前往紐澤西給他精神支持。

普立茲畢竟就是普立茲，大風大浪盪過的人，怎會讓這點打擊打垮。很快的，他就在東七十三街買下一塊土地，並找來建築師設計一棟有舞廳、游泳池、圖書館的五層樓高的豪華大樓。普立茲要求建築師先將設計的房子用石膏打出一個模型，以便他可以用觸摸的方式來弄清楚房子的模樣。

他興奮的等待新房子完工，也很快的將注意力放回報社事務上。

新房子接近完工時，普立茲派兩個人在他的臥房住上一晚，看看這間雙層牆壁，蓋在有避震作用的彈力球體上的房間，是否真的能吸掉聲音而安靜無聲。另外，他還讓人裡裡外外的製造噪音，來測驗屋子的隔音設備。有人在樓梯上跳上跳下，看屋內的普立茲是否感覺得到震動；有人在隔壁房子扯開喉嚨亂吼亂叫，看敏感的普立茲是否聽得到；有人在院子打球嬉鬧，看看是否會將普立茲引來……眼見就要一一過關時，普立茲突然像一隻聞到什麼不對勁味道的野兔子一般，將雙耳豎得半天高，食指放在唇上：「噓！你們聽，那是什麼聲音？」

大家聽到他這麼說，連個大氣都不敢喘。但是，什麼也聽不到。

普立茲慢慢的伸出手指比著客廳：「聲音從那裡來。」

眾人隨著他的指示走入客廳，東瞧西探，依舊一臉惘然。

普立茲慢慢的摸到壁爐邊，慢慢的蹲了下來，側耳傾聽：「這裡，有風灌進來。」

於是，建築師為此設計了一個拉著數千條絲線的框架，用來

吸掉這股常人感覺不到的細微氣流。

普立茲一家於春天遷入這棟豪華的大樓。但是，普立茲始終有辦法找出這棟豪宅的毛病，他對外宣稱這棟房子是個失敗的作品，而自己那間兩道牆壁的房間是孤寂的高塔。

同年哥倫比亞大學換了新校長。普立茲多年來一直想籌辦新聞學院的心願終於有了眉目。新校長尼古拉斯・莫瑞・巴特拉，似乎比前任校長開明，他甚至還邀請普立茲到校董會，說明他的構想和計畫。

普立茲說：「我的想法是新聞有必要、也應該被認為是一門偉大和具知識性的專業科目……」

只可惜，校董成員沒有一個被他說服，並且都認為搞新聞怎能成為一門專業，只有巴特拉表示可以接受這個計畫，但擔心創立一所新聞學院，恐怕會嚴重影響到哥倫比亞大學的校譽，因此作罷。

1904 年，普立茲再度會見巴特拉，重申籌辦新聞學院的意願以外，也提出設立年度新聞獎的構想。

巴特拉沒有回絕，但是含蓄的表示恐怕時機仍然未到。

普立茲的健康壞到只能用一息尚存來形容。所以，獲得巴特拉這樣的答覆之後，便將一百萬美元存在哥倫比亞大學名下的戶頭，靜觀後變。不過對生前完成創立新聞學院和設立年度新聞獎的心願，已不抱太大的希望。

17 望子成龍

美西戰爭之後，美國人突然對美國以外的國家充滿了好奇，尤其是從西班牙接收過來的那幾處地方，更引起美國人莫大的興趣。

普立茲注意到了這個現象，便派記者到這些地方實際採訪，但是這些報導卻遠不如他自己設計的專欄「校園」受歡迎。普立茲每天在這個專欄裡，以自問自答的方式介紹這幾個國家，提供人們對那些國家的基本認識。比方，他問：「菲律賓在哪裡？」「馬來人有何特別的習俗？」「關島人的主食是什麼？」……藉此問答形式教育民眾，同時這也是他用來維持發行量的方法。

普立茲無論處在什麼狀況，都是在想如何藉報紙來教育民眾，他對自己孩子的教育，更是關切。他花很多精神給孩子們的老師寫信，告訴他們他對孩子們有何要求，並且指導老師如何管教他的孩子。他把小兒子赫伯特帶在身邊，請私人家教教授。除了一般學科以外，赫伯特另外得上網球、小提琴、德文等課程，因此時常被搞得精疲力盡，且心不在焉。

普立茲每一發現兒子稍有鬆懈，便板起面孔說教：「我每天這麼忙，身體又不好。就像今天，我除了頭痛、膝蓋痛以外，心跳也很不正常，加上昨晚也沒睡好，報社偏偏又出問題必須我來親自解決，在這種情況下，你就不能自愛一點，或者體諒爸爸為你所做的犧牲，好好的用功讀書嗎？你知道，將來若要出人頭地，不讀書是不行的，沒有讀過書的人，在這個社會是無法立足的，只能一輩子在社會底層打滾……」

赫伯特每次挨爸爸念總想回去紐約跟媽媽住，畢竟媽媽不會這麼緊迫盯人，也會時常帶他去好玩的地方。他不懂為什麼爸爸必須把生活搞得那麼無趣。

這個想法不只是小兒子才有，次子小約瑟夫也是這麼想的，所以一入哈佛，搬到宿舍之後，簡直就像剛學會飛的野鴨子一樣，天天呼朋引伴的到處找樂趣，很少把心思放在課業上，成績自然一塌糊塗，因此，普立茲老是收到校方發來的警告函說：「請督促貴子弟用心於課業上，否則校方將根據貴子弟不能令人滿意的表現，將他開除……」

普立茲一收到這類的信，便火冒三丈，除了將小約瑟夫臭罵一頓以外，也怪凱特沒有盡到為人母的責任，才會把兒子教成那個樣子。

面對這樣的指責，凱特依舊是這樣為孩子辯護：「孩子們各有天性，這是你必須學習接受的事，即便他們走的路與你所期待的不同……」

然而，當小約瑟夫因為在校外飲酒至半夜才回校，還誤闖校長的臥房，而真的被哈佛踢出校門之後，凱特再難阻止丈夫對孩子的強制安排。

普立茲決定將小約瑟夫送到《紐約世界報》磨練，在此之前，普立茲要他自我描述一下，看看他是否清楚該如何面對未來。不料，小約瑟夫卻老實的寫出自己的真實感覺：「我想到目前為止，至少我是這樣過活的，我生活的目的便是享受生活……然而，你告訴我，我一無是處，那麼最好的辦法，就是我離開這個狀況，離開這個家，自立更生。」

普立茲看完後，怒不可遏，卻還是將小約瑟夫送到《紐約世界報》當記者，但兩個星期之後就被開除了。因為，他在這兩個星期之內，有一天遲到，有兩天沒去上班。普立茲一氣之下，以口述要祕書寫下一張非常仔細的指示，將兒子轉送到《聖路易快訊報》。規定他必須從頭學起，對待任何人都要有禮貌，連辦公室的小工友都不能有失禮之處。從廣告、發行、採訪、編輯、印刷……都要一步一步的學，直到將報社的每一部機器都摸熟了為止。而且，每天要寫日記記載這些學習過程，然後每星期做兩次摘要，寄去給他看。

對大兒子瑞夫，普立茲自然也期望他畢業之後能入報社工作。所以，1890年夏天，當瑞夫從哈佛大學畢業後，普立茲就將他直接交到主編手上，而且指示主編讓瑞夫從頭學起，好好的磨練他，並要求主編針對兒子的表現，給他寫類似流水帳的報告。

除了讓兒子們來承接他的工作之外，普立茲早些年已經開始為未來做籌劃。

幾年來，普立茲年年捐給紐約市一筆相當數量的款項，用來成立清寒子弟獎學金，每筆二百五十美元，好讓那些優秀的窮人家的孩子，也能跟自己的孩子一樣有機會上大學。

他說：「我特別關注的議題是幫助窮苦人家。我雖然相信自立自主，但是，以金錢協助人們達到一個平常的目標，不是我所關注的，大學教育的目的也不在此。我希望這筆獎學金，不是為了用來造就更好的屠夫、麵包師、銀行家和出納員，而是來協助造就好的教師、學者、醫生、作家、記者、法官、律師和政府官員……」

綜觀當時美國的社會狀況，能夠出頭的都是受過教育的人和新近從歐洲移民到美國的人。從普立茲的話看來，依靠腦力維生的白領階級，才是主宰美國社會動向的一群人，就如同他自己一樣。

除了設立獎學金之外，普立茲早些年想過要籌辦新聞學院，可惜被當時的哥倫比亞大學校長舍斯・羅回絕了。

回絕的原因是，當時的大學大都只有化學、物理、天文、哲學等科系，加上普立茲與赫斯特兩人處理新聞的作風，讓正經八百的大學學府很難接受將這種性質的行業，納入正式大學課程的想法。

還好，普立茲的構想雖遭到舍斯・羅的冷漠反應。等哥倫比亞大學換了新校長，而且人們對新聞從業人員的看法不再如此守舊，並獲得新校長的肯定之後，籌辦新聞學院的願望，似乎露出了一線曙光。

不過，普立茲的這個心願並非一時可就，他也只好耐心的等待時機的到來。眼前最重要的是將兒子們一一送入報社磨練，好等他們熟悉報社社務之後，將棒子交出去，放手讓孩子們去經營。

誰知，大兒子瑞夫偏偏於此時，決定與他向來瞧不起的金融家汎德比爾特的外孫女結婚，這令他震怒不已。普立茲認為，瑞夫所選擇的對象與他們家高貴的家風，非常的格格不入，因為，普立茲對這個賴渡輪發跡的鐵路大王，後又躋身金融行業的家族向來沒有好感，因為，汎德比爾特一家人是他眼中沒有知識的暴發戶，所以，他認為那種家庭出身的女兒，絕對沒有辦法激勵瑞夫維持戰鬥野心。他怪凱特縱容孩子，導致孩子在做出這麼重大的決定之前都不與他商量。

凱特並不把這種指責當一回事，她對普立茲說：「是他娶新娘子，又不是你！」

普立茲頗為無奈，但是下定決心不讓兒子脫離自己的監視，便在東七十三街的豪宅旁，買下一間房子送給兒子。新人渡完蜜月回到紐約，才發現想脫離普立茲的控制實在不易，只好勉強接受普立茲送的這項禮物。

瑞夫竭盡所能的依照爸爸的要求，在《紐約世界報》學習了八年，雖然離普立茲認定的具戰鬥野心，仍有一大段距離，終於還是被升任為副總裁。

但是，當瑞夫和家人從加拿大渡假回來時卻發現，不但新任的副總裁職位被取消了，而且普

立茲還在他的桌子上，留下一張要他自動辭職的紙條。

這事已超出瑞夫可以忍受的範圍，他懶得再與父親爭辯，馬上簽名遞出辭呈。

可是，等瑞夫冷靜下來之後，還是給普立茲寫了一封信，解釋他之所以沒能準時回去上班，是因為受到壞天氣影響所致，並且提醒普立茲，他跟他一樣都有健康的問題，最後他請求普立茲再給他一個機會，因為他必須養家活口。

普立茲收到信之後，准許瑞夫回去上班，但維持將他從副總裁職位裁撤的原議。而且，從此以後對瑞夫的信賴感大大減少。不久，普立茲修訂遺囑，重新分配了財產。他打算給最疼愛的小兒子其中的百分之六十，大兒子百分之二十，二兒子百分之十，另外的百分之十則分給對報社有功的人，而為了避免男人因錢財才追求女兒們，所以，女兒們分文未得。結果，一文不名的兩個女兒終身未嫁。

18 自由號不自由

普立茲坐在特等臥艙的沙發上，偏頭聽著從門縫隱約傳入的嬰兒哭聲，輕聲對他的祕書說：「你想想看這艘遊艇正以什麼速度往前衝風破浪，在幾千馬力的引擎聲下，那小孩竟然還有辦法發出讓人忽視不了的哭聲……」

祕書傾耳聽，除了風浪與引擎之外，什麼也沒聽到。但是，對聲音如此敏感的普立茲決定，再也不搭乘公共遊艇出遊。

先前普立茲曾經買了一艘船，可是無論怎麼整修安排，他仍然嫌吵，所以就把它賣掉了。這次，他下定決心要建造一艘符合自己要求的船，作為他六十歲的生日禮物。

於是六十歲那年，他為自己定了一艘至少能容納四十五個人的超級汽艇，上面除了客餐廳外，還包含了音樂廳、圖書館、健身房、客房、會議廳……而且他也沒忘記要在上面蓋一間馬廄，好讓愛馬隨時都能跟著他。

可是六十歲生日那天，他並沒有馬上收到這份自己送給自己的貴重禮物，因為根據他的要求，這艘船至少需要一年的時間才能造好。

普立茲可也沒就此而放棄大肆慶祝六十歲生日的計畫。他動員所有的祕書，分別在聖路易和紐約籌備了兩個慶生會，然後分別從《聖路易快訊報》與《紐約世界報》邀請了六十個人出席慶生會。

當天，被邀請的人齊聚慶生會地點，普立茲卻一直未露面，只以電報向來賓致意說，因為他的健康問題不容許他現身在那麼令人激動的場合。

他也函告兩報的編輯刊登他宣告退休的消息。《聖路易快訊報》照他的要求刊登了，但《紐約世界報》的編輯只把這個宣告當作玩笑來處理，因為，一、二十年來普立茲已經不曉得說過多少次要退休，卻仍舊在位。雖然在這段期間他只回報社大樓兩次，但是，即使遠在北極，他也是天天以電報遙控指揮編輯作業。因此，《紐約世界報》的編輯只把它當成普立茲一時的情緒失控而已。果不其然，普立茲六十歲慶生會過後，他繼續以遙控的方式向報社編輯下達指示，即使人在非洲也是一樣。

過了一年，汽艇終於造好了。普立茲將這艘造價一百五十萬美元的船命名為「自由號」，期許自己能夠從此隨著這艘船走到天涯海角，並且將憂慮和病痛全部拋開，過著一個自由的新生活。

自由號載著龐大的祕書、佣人群，加上船員，浩浩蕩蕩的出海。

大家隨時得聽候普立茲的差遣，個個壓力都很大，因為，全長九十公尺左右的自由號雖大，卻不像在陸地上那麼方便找藉口說沒聽到普立茲的召喚。

船員們由船長指揮，做好分內的事便可休息，但是祕書們卻很少能夠放輕鬆，每個都埋首書堆想盡辦法吸收新的知識，因為，普立茲從來不事先預告要他們念些什麼書，說什麼故事，討論哪一類的時事，而是隨普立茲的心情而定。往往早上念得好好的東西，可能到下午卻不對味了。所以，祕書們即使未被點名，也不敢偷懶。除了二、三十份的雜誌和報紙以外，每個人每天至少要準備個五、六本書讓普

立茲挑選。

經過普立茲一再挑剔而留下來的祕書，多少摸得著普立茲的脾氣，但是新進的祕書卻苦不堪言。因為，試著猜測普立茲的心意，往往讓自己的處境尷尬不已，好像瞎眼的是自己而不是普立茲。

比方，普立茲問道：「你看過莫札特的『魔笛』嗎？」

祕書若表示不懂，可能當場被他辭退。但是，硬著頭皮說懂，也不能夠就此朦混過關。因為普立茲接下去會說：「那麼你就從第二幕，那個抓鳥人的唱腔說起……」

於是，不懂裝懂馬上就露出馬腳。因此，能夠一步一步通過普立茲考驗的祕書，見到新手上任，不免有等著看好戲的心態。

普立茲當然知道自己挑剔得令人討厭，所以，在付薪水方面向來慷慨。他說：「我付一大把錢給你，讓我一天笑一次也已經值得。」

該做的只不過讓普立茲一天笑一回而已，卻可以搭乘豪華遊輪到世界各地旅遊，三餐有人伺候，還領高薪。這差事怎會不好做？

可是，普立茲的一位祕書卻不這樣認為。在他所寫的《普立茲傳》提到，他陪著普立茲搭乘自由號來到蔚藍海岸，下船到蒙地卡羅遊歷的經驗：「進賭場賭博不是你自己想要的，漫步街頭的感覺隨時要做筆記……」因為，這些事是奉普立茲之命而做的。賭博原先可能很刺激，蒙地卡羅浪漫的街頭令人沈醉，只是，一想到普立茲等著他回船上做簡報，這些便瞬息變得很無趣。

普立茲聘用過的祕書多不勝數，大都對他極端嫌惡。但是，也有少數幾位對他又恨又敬。因為，普立茲表現出來的不屈不撓的精神，一般人比不上他的百分之一。這種特質必須在跟普立茲熟稔之後，才有可能看得出來，然而，問題是跟他熟稔的祕書們卻表示說：「熟了之後，反而感覺為他做事沒什麼刺激感和樂趣了。」

有一位祕書說，經過一再的挑釁和一再更換談話的主題，也就是在他精疲力盡，而普立茲終於也累了的時候，普立茲說：「你去睡吧！完全把我丟在腦後，好好的睡一覺。晚安！」

這應該算是普立茲一生中所吐出最溫柔的話語。只是，在這份溫柔中藏著無邊無盡的孤寂。因此，祕書們寧願被他責罵，也不願被他如此溫柔對待，因為，受到普立茲那種無限的孤寂感染，是一件非常難過的事情。

　　而且，祕書們說他的容貌變化多端，每天都會因為健康和情緒問題起很大的變化。精神飽滿時，他鼻如勾，眼如鷹的盯著前方，精神奕奕，伺機而動。但在他受病痛折磨時，他看起來比一位平常的瞎眼老人還要頹喪。

19 一生只向羅丹屈服

普立茲預定前往希臘渡假，偏偏私人醫生在這個時候表示要退休，普立茲只好另外找一個適當的人。根據豐富的經驗，他的祕書當然事先已將應徵的人好好的審核過，才將一張長長的名單交給普立茲。

名單上的人一一按約定時間來面談，之後，普立茲便讓祕書寫下他從人家身上挑出來的毛病。然而，這些毛病無非是那人說話速度太快，這人抽的香煙味道太差，灑了過多的古龍水，呼吸聲音太重……等到好不容易挑出一個適當的人之後，普立茲似乎也不怎麼信任他，所以，每到一處便找當地的醫師來診斷，看看別的醫生是否可以讓他的健康狀況好轉。只是，有幾次他召來的醫師都已經上門了，他卻聲稱自己病得太重，無法接見醫生，讓人白跑一趟。

抵達希臘後，普立茲拍電報給凱特，頻頻抱怨身體不舒服，胃口差又睡不好。凱特只好回封電報給丈夫說來陪他幾天。普立茲卻一口回絕她，說他實在病得無法接見家人，且仍不忘抱怨家人都不關愛他……

普立茲的反應讓凱特忍不住再給丈夫寫封信說：「親愛的約瑟夫，如果你能夠試著相信家人對你的善意，那麼你會更快樂些……」

可是，普立茲堅持他的抱怨有道理，回信給凱特說：「我只要求孩子們在我有限的生命中，給我一點關心跟愛。如果我得不到這些，我只好將這些不受尊重、不服從和侮辱吞下去……」

自從普立茲接手《聖路易快

訊報》之後，他習慣了當領袖，將一切都抓在自己的手上，對別人的能力總是充滿懷疑。這種性格在他失明之後更加嚴重，除了家人之外，他的要求沒有人敢當面違逆，他說的話沒有人敢反對，否則，他便叫人滾蛋。他一再表示他是個打不倒的人。

只是，當羅丹終於挪出時間依約前來為普立茲塑胸像時，普立茲終於嘗到了被打敗的滋味。

好幾年以來，隨著身體的衰敗，普立茲一直都想找到適當的人來為他畫張肖像畫。

1904 年，鼎鼎大名的肖像畫家沙金特來到紐約，為紐約的名流及其家人繪製肖像。

當時歐洲的上流社會流傳了一句話說：「讓沙金特畫下來，等於讓最好的人畫下來。」

沙金特雖出生於義大利的佛羅倫斯，但父母都是美國人。他自己則在二十一歲，才首次踏上美國的土地，二十八歲那一年定居英國。一生所繪製的肖像畫數都數不盡，油畫有九百幅以上，水彩畫多於兩千幅，還有數量驚人的素描、鉛筆畫等傳世。

沙金特是繪畫天才，加上後天一絲不苟的認真態度，很快便成為著名的畫家。名流望族無不渴望讓他用彩筆，為他們留下一生最尊榮的形象。

19世紀末20世紀初的名人，幾乎都曾聘請過沙金特來為他們畫像。如：羅斯福總統、洛克斐勒、建築師李查・莫里斯・漢特、文學家亨利・詹姆士等，甚至連普立茲瞧不起的親家汎德比爾特一家，早就請沙金特為他們畫過肖像了。因此，普立茲也請沙金特到家裡來為他畫像。

普立茲雖然看不到沙金特完成的肖像畫，但是，凱特一再讚美說：「太傅神了！太好了！」普立茲也就放心讓人將他的肖像，掛到大廳牆上去，並且，要求沙金特也為凱特畫一張。

沙金特雖已年過五十，但一直未婚，看起來很年輕，加上對待女士們彬彬有禮又幽默風趣，時常邊畫邊逗樂，惹得女士們開心嘻笑，沙金特便在這種輕鬆的氣氛中，畫出女士們最美的一面。

可是，普立茲卻覺得凱特與沙金特的歡笑聲非常刺耳，便忍不住對凱特口出嘲諷，說她在丈夫面前可發不出那樣的笑聲。

凱特確實享受被沙金特畫像時的氣氛，因此，不把丈夫的嘲諷當一回事。她要藉著沙金特的筆，將自己最美的一面留存下來。

果然，沙金特將凱特風姿綽約的神韻，完全展現在畫布上，人人看了都心動不已。唯獨普立茲非常不高興，他痛恨能夠讓妻子快樂的男人。

因此，當羅丹從法國抵達紐約時，普立茲便沒打算擺出好臉色，也沒打算讓他為凱特塑像。

可是，面對赫赫有名的羅丹，普立茲很快便吃了苦頭。

普立茲雖然以「準確、準確、準確」的書寫要求，稱霸新聞界，但碰到羅丹卻沒輒。因為，羅丹向來要求全然的遵循自然法則，以紮實而爐火純青的技巧，一絲不苟的塑出被塑者的原貌中所透露的內心狀況。

普立茲事先跟羅丹講好為他塑胸像。但是，雕塑大師見到穿戴得筆挺的普立茲時，卻無從下手。

羅丹要求普立茲裸露上身。因為，那些衣物讓他看不到肌肉、筋骨的線條。

普立茲卻表明絕不在陌生人面前裸露身體。

兩人你來我往，僵持不下。羅丹只好收拾行當，說他不能耗在那裡，試圖說服一個不信任他的人，如果普立茲堅持穿著衣服，他只好走人了。

普立茲知道羅丹對藝術向來沒有一絲妥協，雇請他塑像的人大排長龍，自己這輩子恐怕也只有這個機會。他心知肚明，此生若有誰能夠打敗他，大概也只有羅丹。因此，他慢慢的解開一層層的束縛。

領帶、外套、背心、襯衫……終於在羅丹面前露出瘦削塌陷的胸膛。

可是，被打敗的滋味實在很不好受，普立茲只好將頭抬得高高的，雙眼緊閉，薄薄的嘴唇下撇，露出一付十足自傲的模樣。

羅丹遵照自然法則，一絲不

苟的將普立茲的神情完全展現。

頭偏舉，雙眼緊閉，皺著眉頭，憋緊的雙唇上一把生氣盎然的鬍子，看似咬牙切齒的神情……這個雕塑成為普立茲最傳神的具體寫照，如今安置在哥倫比亞新聞學院大樓裡。

20 全然的安靜

報社、家人、健康、孩子們的表現等等問題，總是讓普立茲煩憂不已，所剩精神也只夠用來投入報紙的編輯事務。

1908 年，他來到《紐約世界報》大樓。自從宣布辭去《紐約世界報》的編輯事務之後，普立茲總共只回到編輯辦公室兩次，這是第二次。

他極力挑剔眾人的工作表現，對兒子則更為嚴厲，帶在身邊的小兒子，被安排學習一大堆普立茲認為對他的前途有幫助的東西。

凱特獨居紐約，天天都受到丈夫的書信與電報遙控。普立茲又發了電報抱怨家人都不關心他，說他得了百日咳，一點食慾也沒有，卻沒有一個人寫信或發電報來慰問他。

天天收到這樣的信函，凱特並不把它當一回事，何況，丈夫的祕書才剛向她報告：普立茲享用了廚師特別為他精心料理的午餐之後，在祕書的讀書聲中睡了個好午覺。因此，凱特只以簡單的信函來回應丈夫的抱怨。

凱特參加紐約的各種社交活動，對於丈夫失明後的霸王式行為，採取敷衍的態度。普立茲每次想像著凱特隨著優美的樂音，與別的男人翩翩起舞時，便渾身不舒服，對各種聲音也就更加敏感起來。

他搭乘自由號由葡萄牙轉到西班牙，由西班牙轉到法國，由法國轉到德國……停留的地方都有特別為他安裝隔音設備的屋子，身邊隨時都有一堆部屬和佣人聽候他的差遣。然而，無光無影，無聲無息的孤寂世界中，只有他一個人。他寫信跟凱特說他的世界是個孤寂的高塔，他走不出去，別人也進不來。

凱特每次聽到丈夫這麼說時，大都保持沉默，除了接受丈夫的說法之外，沒有任何安慰之詞。她藉由參加社交活動，來忘掉這些不愉快的事情。

1909 年 10 月，普立茲的弟弟亞伯特自殺身亡，普立茲所受到的打擊幾乎讓他放棄繼續求醫。他內心深深懼怕自己有一天也會像弟弟那樣，向命運屈服，而以自殺來結束自己的生命。

只是，他肩上扛著重大的責任，在找到信任的接班人之前，他不能就此倒下。《聖路易快訊報》雖然早於幾年前交給次子小約瑟夫掌管，普立茲卻始終無法放手讓小約瑟夫獨立管理，總是每天發電報來遙控兒子，要他依照自己的主意來辦報。相對的，他對小兒子與大兒子則信任多了。只是，《紐約世界報》雖已掛名在大、小兒子名下，報社的大方針，卻仍舊是照普立茲的要求來制定。

普立茲對兒子們非常嚴厲，總認為他們太懶散，而失掉許多好時機。因此，督促他們一再進修。然而他對待女兒，卻持不一樣的態度。他認為女孩子們只要具備持家的常識和能力就好，對外不需要有太強烈的野心。

普立茲住在紐約的時間很少，但是，只要他回到家，便會要求家人聚集起來，陪他吃飯聊天。

小約瑟夫幾年前也結了婚，跟哥哥一樣也當了爸爸，只要普立茲在陸地上，兄弟倆會盡量應爸爸的要求，帶著妻小到東七十三街，參加家庭餐會。可惜，普立茲時常鬧頭痛或情緒不穩定，

很難忍受孫子們的哭鬧。因此，他一方面希望家人盡量相聚，另一方面卻也怕和家人相聚，會耗掉他僅存的精神。所以，多年來家庭聚會總是草草結束。

普立茲知道自己一點也無法掩飾心理狀況的不穩定，所以，為了避免尷尬，他極力拒絕參加社交活動。必須跟人商討事情時，他寧願請人家到自由號或到他各地的住所去。

1911 年 10 月 25 日，已經在海上航行了五天的自由號，停靠在南卡羅萊納州的查爾斯敦港，佣人們忙著將日常用品與食物搬上自由號，祕書們則急著閱讀來自世界各地的報章雜誌和書籍，大夥人緊張兮兮的猛吞這些天發生在地球上的事情，以便普立茲問起來時，不會支支吾吾的說不出話來而遭到責備。

有人邊看報邊做筆記，有人

拿著笑話書在默記幾則特別好笑的笑話內容，有人抱著書回到房間，就怕同事識破他應付普立茲的竅門……

每個祕書都怕普立茲突然嚷嚷：「看在老天爺的分上，你就不能在我頭痛時，說點輕鬆好玩的事情？」

除了「看在老天爺的分上」以外，祕書們若聽到普立茲說：「我的天呀！」便知道普立茲對他們的表現又不滿意了。

偏偏普立茲的情緒，幾乎每天都受到身體病痛的影響，而暴起暴落。

頭痛、關節痛、呼吸困難、咳嗽、暈眩、失眠、沒有胃口等症狀，不是輪流出現，就是一起發作，所以，他對大家的表現，也因此少有滿意的時候。「看在老天爺的分上」和「我的天呀」，便成為他的口頭禪。

10月26日，查爾斯敦《詢問報》的編輯應邀來到自由號，與普立茲共進午餐，席間兩人熱烈的談論著隔年的總統選舉。普立茲顯得對民主黨是否能夠獲勝相當擔心。或許就是因為情緒過於激動，接下來的幾天，普立茲並沒有照日程表來作息，差不多都待在臥艙睡覺。被召進去為他念書的祕書都說，普立茲的氣色看起來比平日差很多。

10月29日那天，普立茲清晨三點醒來，告訴醫生將平日很會說笑話的一位祕書叫去念書給他聽。

祕書睡眼惺忪的被叫醒，很快的打起精神，帶著五、六本書去見普立茲。

普立茲顯然被病痛折磨得無法靜臥床上，翻來覆去好幾回，後來乾脆勉強下床，坐在搖椅上聽祕書念書。

祕書換了好幾本書，終於在念著一本寓言故事時，讓普立茲安靜下來，只是，他的聽覺似乎變得遲鈍，一再要求祕書重念前一段的內容。

四點半左右，普立茲再次打斷祕書念書，要他去叫醫生來。

醫生想盡辦法安撫普立茲，並且減緩他的疼痛。

幾分鐘之後，普立茲因疼痛而扭曲的臉，稍微緩和了下來。他告訴祕書說：「你最好去睡個覺，下午再來把其他部分念完，我虧欠你極多，請你為我將曼先生叫來，好好休息，完全把我忘掉……」

曼先生是普立茲的德文祕書。他為普立茲念著一本有關法國史的書，當他念到法王路易十一世死亡那段，普立茲緊閉的雙唇吐出細小的聲音說：「安靜，全然的安靜。」然後嚥下最後一口氣，離開了世界和幾十年受病痛折磨的軀體。

凱特趕來守在丈夫床邊，回想丈夫寫給她的那封信——讓她決定嫁給他的信——而淚流滿面。他寫道：「……我非常厭倦這種沒有目標、沒有家、沒有愛的生活。在這封信裡我必須說，為了妳我按捺不住要將生活完全改變的心情——組織一個充滿情感、野心和基石般穩固的家。而妳，我親愛的凱特，妳將是我不可分離的伴侶……」

凱特心裡明白，自結婚以來，其實只有丈夫一個人在為這個目標孤獨的奮鬥，因為，這個目標只有像丈夫那樣具有不屈不撓精神的人，才能夠努力獲致。

普立茲過世後，凱特唯一能做的就是遵照丈夫的遺願，創立一所新聞學院和設立新聞獎項。

1912 年 9 月 25 日，以普立茲過世的長女路西兒命名的哥倫比亞大學新聞學院大樓，正式啟用，當天總共有七十六位第一屆新聞學院的學生，出席了開學典禮。新聞大廳取名為「世界廳」，羅丹為普立茲所塑的雕像，就立在那裡。

倔強，高傲而尊榮。緊閉的雙唇在在向世人宣告，他雖然僅僅活了六十四年，但是，終其一生不曾向命運屈服過。

這就是報業鉅子約瑟夫・普立茲。

後記

普立茲死後，《紐約世界報》系下的日報、晚報以及週日報，轉至大兒子瑞夫與小兒子赫伯特名下，實際則由瑞夫管理。瑞夫跟爸爸一樣，長年因精神系統衰弱的問題而困擾，在醫生的警告下，瑞夫只好將報社業務移交赫伯特。然而，赫伯特對經營報紙，一點興趣都沒有，所以對報社事務，便採取不聞不問的態度，因此才接手沒多久，《紐約世界報》的發行量便一落千丈。最後，兄弟倆聯名上法院聲請，將爸爸遺囑中那條「不可將三份報紙同時出售」的限制解除，然後以五百萬美元將《紐約世界報》系下的三份報紙一起出售。

最不得普立茲信任的小約瑟夫，則繼續將《聖路易快訊報》

經營得有聲有色，雖然他也像爸爸那樣常受病痛折磨，卻始終堅持依照爸爸的理想來辦報。

1955 年，小約瑟夫過世時，也像爸爸那樣，雙眼都瞎了。

而以普立茲捐贈的資金創辦的哥倫比亞新聞學院，至今仍是美國長春藤聯盟*的八所大學裡，唯一的新聞學院，而且聲名斐然。

1917 年，首屆普立茲新聞獎，依照普立茲生前的願望設立了。總共頒布了三項新聞獎、四項文學獎、一項戲劇獎及一項寫作獎等九項獎項。其後逐年增加攝影、卡通插圖、詩、小說等獎項。

到了 2004 年，普立茲獎已經

放大鏡

*長春藤聯盟 (Ivy League) 包含美國東北部八所最好的私立大學──即布朗、哈佛、普林斯頓、賓州、耶魯、哥倫比亞、康乃爾和達特矛斯大學。

將新聞獎項擴增到十五項，文學戲劇獎則總共有七項。普立茲獎每年頒發一次，董事會成員每年都會從一大堆主動報名爭取和被推薦的名單中，選出美加境內新聞和文學從業人員中的佼佼者，加以表揚。得主通常能夠藉此在自己的領域中樹立地位，而人們也以普立茲獎作為新聞道德良心的指標。

普立茲逝世已近一個世紀，因為哥倫比亞新聞學院的聲譽，以及普立茲新聞獎所代表的意義，而讓世人了解到近兩個世紀以來，普立茲之所以成為最傑出的新聞從業人員的原因和背景。尤其是他那種奮戰到最後一刻、不屈不撓的精神，確實值得大家學習。

1847 年　出生於匈牙利。

1864 年　搭船從德國漢堡抵達美國波士頓，隨即加入林肯的騎兵隊。

1867 年　入籍美國。

1869 年　當選密蘇里州參議員。

1871 年　成為《西方郵報》的主編。

1878 年　與凱特結婚；購下《聖路易快報》。

1879 年　長子瑞夫出生。

1880 年　長女路西兒出生。

1881 年　次子小約瑟夫出生；《聖路易快訊報》遷入新大樓。

1882 年　次女凱薩琳出生。

1883 年　買下《紐約世界報》。

1884 年　　次女凱薩琳因肺炎病逝。

1886 年　　三女依狄思出生。

1888 年　　四女康思坦絲出生。

1889 年　　《紐約世界報》刊載「環遊世界七十二天」系列報導。

1895 年　　么兒赫伯特出生。

1897 年　　長女路西兒病逝。

1898 年　　與赫斯特一起炒作「黃色新聞」，以至引發美國與西班牙戰爭。

1890 年　　紐約的家燒毀。

1904 年　　請羅丹塑像。

1909 年　　弟弟亞伯特自殺身亡。

1911 年　　於「自由號」上過世。

附　錄

小約瑟夫　Jr. Joseph Pulitzer
巴托諦　Frédéric Auguste Bartholdi
巴拿馬運河　Panama Canal
巴爾堡　Vasco Nunze de Balbao
巴德羅斯島　Bedloes Island
加勒比海　Caribbean Sea
卡內基　Andrew Carnegie
卡爾・蘇茲　Carl Schurz
古德　Jay Gould
史密松尼學會　Smithsonian Institution
尼古拉斯・莫瑞・巴特拉 Nicholas Murray Butler
布克・華盛頓　Booker T. Washington
布廉　James Gillespie Blaine
《由奴隸中勝出》　*Up from Slavery*
朱爾・凡　Jules Verne
汎德比爾特 W. H. Vanderbilt

《西方郵報》　*Westliche Post*
亨利・詹姆士 Henry James
克利夫蘭　Stephen Grover Cleveland
李查・莫里斯・漢特 Richard Morris Hunt
李查斯・菲爾頓・奧寇德 Richard Felton Outcault
沙金特　John Singer Sargent
亞伯特　Albert Pulitzer
依利莎白・珍・科全 Elizabeth Jean Cochran
依狄思　Edith Pulitzer
依斯木斯　Isthmus
奈尼・布萊　Nellie Bly
拉柏列　Laboulaye
肯辛頓　Kensington
舍斯・羅　Seth Law
門羅主義　Monroe Doctrine
哈瓦納　Havana
哈登　E. D. Harden
查爾斯敦　Charleston

查爾斯·大拿 Charles Anderson Dana
洛克斐勒 John Davison Rockefeller
科龍 Colón
約翰·寇克瑞 John Cockerill
美國門戶 American Gateway
哥倫比亞大學 Columbia University
《紐約世界報》 *New York World*
納許維亞號 Nashville
馬克·漢南 Mark Hanna
康思坦絲 Constance Pulitzer
梅扣 Makó
莫札特 Wolfgang Amadeus Mozart
麥金萊 William McKinley
麥迪遜廣場 Madison Square Garden
凱特·大衛斯 Kate Davis
凱薩琳 Katherine Pulitzer
喬治·路克斯 George Benjamin Luks
提奧多·羅斯福 Theodore Roosevelt
普立茲 Joseph Pulitzer
普立茲獎 Pulitzer Prize
華格納 Wilhelm Richard Wagner
菲立·佛格 Phileas Fogg
費得瑞克·瑞敏頓 Frederic Remington
黃色新聞 Yellow Press
瑞夫 Ralf Pulitzer
聖路易 St. Louis
《聖路易快報》 *St. Louis Dispatch*
《聖路易郵報快訊》 *St. Louis Post–Dispatch*
詹姆士·門羅 James Monroe
路西兒 Lucille Pulitzer
雷塞布 Ferdinand de Lesseps
赫斯特 William Randolph Hearst
《霍根巷弄的黃色小子》 *Yellow Kid of Hogan's Alley*
《環遊世界八十天》 *Around the World in 80 Days*
羅丹 Auguste Rodin
蘇伊士運河 Suez Canal
「魔笛」 *Die Zauberflöte*

獻給孩子們的禮物

「世紀人物100」

訴說一百位中外人物的故事

是三民書局獻給孩子們最好的禮物！

- ◆ 不刻意美化、神化傳主，使「世紀人物」更易於親近。
- ◆ 嚴謹考證史實，傳遞最正確的資訊。
- ◆ 文字親切活潑，貼近孩子們的語言。
- ◆ 突破傳統的創作角度切入，讓孩子們認識不一樣的「世紀人物」。

國家圖書館出版品預行編目資料

天生的報人：普立茲／廖薇華著；倪靖繪.－－初版二刷.－－臺北市：三民，2010
面； 公分.－－(兒童文學叢書/世紀人物100)

ISBN 978-957-14-4768-1 (平裝)

1.普立茲(Pulitzer, Joseph, 1847-1911)－傳記－通俗作品

785.28 96009995

© 天生的報人：普立茲

著作人	廖薇華
主編	簡宛
繪者	倪靖
責任編輯	李玉霜
美術設計	謝岱均
發行人	劉振強
著作財產權人	三民書局股份有限公司
發行所	三民書局股份有限公司 地址 臺北市復興北路386號 電話 (02)25006600 郵撥帳號 0009998-5
門市部	(復北店) 臺北市復興北路386號 (重南店) 臺北市重慶南路一段61號
出版日期	初版一刷 2007年6月 初版二刷 2010年5月
編號	S 781890

行政院新聞局登記證局版臺業字第〇二〇〇號

ISBN 978-957-14-4768-1 (平裝)

http://www.sanmin.com.tw 三民網路書店